教育治理视野下的
学校改进

School Improvement

From the Perspective of Educational Governance

燕 新 著

科 学 出 版 社

北 京

内 容 简 介

教育关乎我们的未来。为有效应对世界范围内新一轮科技革命和产业革命以及我国社会转型对人才培养的新需求，我国学校改进应适应和引领新时代社会发展新趋势和新要求，以培养德智体美劳全面发展的社会主义事业的建设者和接班人。教育治理视角下的学校改进应在政府的主导下，通过参与、对话、协商等形式，邀请多主体参与学校办学，形成以学生发展为本、积极回应内外环境变化、促进学校自主发展的教育生态。学校改进是多主体（校长、教师、学生、家长）参与、多要素（价值、规划和文化）整合、多层次（政府、学校、社会）推进的过程，充分体现了教育治理的“多元、扁平、协同”等特征。

本书旨在为提高学校治理水平、提升学校教育教学质量提供借鉴，适合中小学校长和教师参考使用。

图书在版编目（CIP）数据

教育治理视野下的学校改进 / 燕新著. —北京：科学出版社，2020.12
ISBN 978-7-03-067299-5

Ⅰ. ①教… Ⅱ. ①燕… Ⅲ. ①中小学-学校管理-研究-中国 Ⅳ. ①G637

中国版本图书馆 CIP 数据核字（2020）第 249118 号

责任编辑：孙文影 高丽丽 / 责任校对：邹慧卿
责任印制：李 彤 / 封面设计：润一文化

科学出版社 出版
北京东黄城根北街 16 号
邮政编码：100717
http://www.sciencep.com

北京中石油彩色印刷有限责任公司 印刷

科学出版社发行 各地新华书店经销

*

2020 年 12 月第 一 版 开本：720×1000 B5
2020 年 12 月第一次印刷 印张：11
字数：200 000

定价：88.00 元

（如有印装质量问题，我社负责调换）

中国教育科学研究院2016年度基本科研业务费
专项资金青年专项项目
（课题批准号：GYD2016014）

前言

党的十八届三中全会将推进国家治理体系和治理能力现代化作为全面深化改革的总目标，党的十九届四中全会审议通过的《中共中央关于坚持和完善中国特色社会主义制度、推进国家治理体系和治理能力现代化若干重大问题的决定》从满足人民日益增长的美好生活需要的角度，明确了提高教育治理体系和治理能力现代化水平的总体方向和任务重点，是指导当前我国学校改进的重要遵循。

教育是国之大计、党之大计。在国际经济社会发生剧烈变革的 21 世纪，世界处于百年未有之大变局，我国进入中国特色社会主义新时代，为有效应对世界范围内新一轮科技革命和产业革命及我国社会转型对人才培养的新需求，我国学校改进必须围绕“培养什么人、怎样培养人、为谁培养人”这一根本问题，立足构建政府、学校、社会的新型关系，推进教育治理现代化和法治化，以培养德智体美劳全面发展的社会主义事业的建设者和接班人为旨归。

教育治理视角下的学校改进应在政府的主导下，通过参与、对话、协商等形式，邀请多主体参与学校办学，形成以学生发展为本、积极回应内外环境变化、促进学校自主发展的教育生态。学校改进是多主体（校长、教师、学生、家长）参与，多要素（价值、规划和文化）整合，多层次（政府、学校、社会）

推进的过程，充分体现了教育治理的“多元、扁平、协同”等特征。

本书第一章分析了“为什么需要学校改进”。学校改进面临复杂的时代背景，新一轮科技革命及产业革命、社会转型和未来全球化趋势所带来的压力等都对培养新时代的创新型人才提出了迫切要求，也影响着我国学校改进的实践进程。目前学校改进比较有代表性的定义，是 1982 年经济合作与发展组织发起的国际学校改进计划（International School Improvement Project）中所提出的，学校改进是一种系统而持续的努力，旨在改变校内的学习条件（learning conditions）和相关条件（related internal conditions），最终能让学校更有效地实现教育目标。学校改进不仅要关注与学习目标直接相关的因素（如课程、教学），还应该关注一切有助于实现学习目标的相关条件（如学校组织结构、学校文化氛围、教师专业发展、校长领导力等）。另外，在对我国学校改进现状调查的基础上，第一章分析了影响我国学校改进的内外部影响因素。

第二章分析了“如何从治理视角研究学校改进”。全球治理委员会的定义具有很大的权威性和代表性，认为“治理是各种公共的或私人的、个人和机构管理其共同事务的诸多方式的总和。这既包括有权迫使人们服务正式的制度和规则，也包括各种人们同意或以为符合其利益的非正式的制度安排”。由此可以看出，治理既包括政府机制，也包括非正式、非政府的机制，主要体现以下几方面的特征：①治理的主体多元；②治理的权力来源多元，既有政府的统治权威，也有社会机构的专业权威、技术权威等；③治理方式多样，既有政府强制，也有民主协商合作；④治理的目标一致，为了公共利益的最大化。治理理念赋予学校改进新的思维、路径和方法，但同时应明确治理是一个具有时代背景的概念，对治理的分析和应用不能脱离我国的制度环境。本部分重点分析学校改进的“价值”、“规划”和“文化”等核心要素，阐述学校改进所体现的整体性、协同性与可持续性特征。

第三至四章分析了“怎样推进学校改进”，是本书的主体和重点。这两章立足多主体参与学校改进的特点，从影响学校改进的外部干预和内部治理两个层面，分别阐述了政府等相关利益主体在学校改进中的角色、作用和实施进展。第三章重点分析了学校改进的外部干预路径，分别阐述了政府、社会和家长在学校改进中的角色、功能和定位，在政策分析和实践研究的基础上，提出了学校改进的意见和建议。第四章重点分析了学校改进的内部治理路径，分别分析了校长、学生和教师三个群体在学校改进中的地位和作用，重点考察了“校长领导力”、“学生自主学习”和“教师交流”这三个影响学校改进的主题，从研究进展、政策分析和实践调查等方面论述了我国学校改进的现状、问题和意见建议。

第五章分析了“学校改进的效果如何”。为深入了解学校改进的实践运行逻辑，考察学校改进的实施效果，第五章从案例研究的视角，选取福建某中学作为学校改进的典型案例，通过搜集学校改进的一线数据资料，以学校内部自主改进为重点，探索了学校改进的内部路径和实施效果，为佐证我国学校改进的进展和效果提供了实践依据。

目　录

第一章　学校改进的基础

第一节 学校改进的时代背景

学校是人类历史发展到一定阶段的产物，并伴随着历史的发展呈现出不同的组织形式。学校改进大体经历了以家庭、部落有组织学习为特征的第一次教育革命，以制度化教育为特征的第二次教育革命和以大众化教育为特征的第三次教育革命这三个时期。[①]从历史发展的角度看，这背后的演进逻辑是学校改进被政府的需求、经济社会发展的要求所推动，受到经济发展和技术的变化的影响。因此，要理解为什么要不断推动学校改进，就需要立足于当下的经济和科技发展需求，理解社会转型时期对人才提出的新要求，以学校的不断改进引领未来社会的发展方向。

学校是培养人的场所，培养什么样的人决定着学校改进的方向和目标。我们已经处在国际经济社会发生剧烈变革的21世纪，教育的边界发生了变化，每个人都被要求进行终身学习，以适应不断变化的社会。教育将成为实现可持续发展的动力和建设更美好世界的关键。[②]国内外环境的剧烈变化增强了学校改进的紧迫感，面对新一代产业革命的变革和人工智能、大数据等的应用，我国学校改进面临着前所未有的机遇和挑战，我们必须顺势而为，主动承担起为民族复兴培养时代新人的重任。

① 安东尼·塞尔登，奥拉迪梅吉·阿比多耶. 第四次教育革命：人工智能如何改变教育. 吕晓志，译. 北京：机械工业出版社，2019：2-9.

② Power C. The Power of Education：Education for All，Development，Globalisation and UNESCO. London：Springer，2015.

一、科技和产业革命对创新人才的需求

在世界范围内，新一轮科技革命和产业革命蓄势待发，创新已经成为大国竞争的制高点，人才竞争亦愈加激烈。世界各国竞相聚焦教育竞争力，纷纷制定、出台教育发展规划，强调教育应为未来发展做准备。

以人工智能、新材料技术、生物技术等技术革新为代表的第四次工业革命已经到来，新一轮科技革命和产业变革将改造全球传统的生产模式和服务业态，推动传统生产方式和商业模式的变革，促进工业和服务业融合发展。新一代信息技术和智能制造推动传统制造业由标准化生产转向以互联网为支撑的个性化生产。以信息化、数字化、智能化为特征的新一轮科技革命和产业变革，对信息人才、数字人才、智能人才的需求更大，这就要求我们把握新技术、新产业、新业态对创新型人才的需求，加快推进科技型、创新型的人力资本积累，为到 2035 年基本实现社会主义现代化，到 21 世纪中叶建成富强民主文明和谐美丽的社会主义现代化强国提供坚实的人力资源保障。

数字化的发展，如大数据、人工智能、区块链等技术，引发了社会和经济领域的深层次变革。2013 年，习近平同志视察中关村的时候讲了这样一段话："即将出现的新一轮科技革命和产业变革与我国加快转变经济发展方式形成历史性交汇，为我们实施创新驱动发展战略提供了难得的重大机遇。机会稍纵即逝，抓住了就是机遇，抓不住就是挑战。我们必须增强忧患意识，紧紧抓住和用好新一轮科技革命和产业变革的机遇，不能等待、不能观望、不能懈怠。"①

教育改革与工业革命的发展是相辅相成的。正如杰里米·里夫金所言：当今世界正在实现从集中型第二次工业革命向扁平式第三次工业革命的转变。现有的教育体系需要进一步修正，使年轻人学习如何在一种内嵌于生物圈世界之中的分散、合作式的经济模式中生存。①必须具备与第三次工业革命相适应的专业技能、技术和职业技能，这需要建立大学与中小学的系统合作，搭建第三次工业革命需

---

① 人民网. 习近平：实施创新驱动不能等待观望懈怠.（2013-10-01）. http://cpc.people.com.cn/n/2013/1001/c64094-23094405.html .

要的学习环境。②培养生物圈保护意识，在向第三次工业革命过渡的过程中，在强调技术和技能的同时，还需要改变学生的观念，培养他们重获“亲自然情结”，有意识也有能力去保护和管理我们的生物圈。这要求教育在发展学生个性的同时，要让学生意识到自己是生物圈中的一部分，以此来思考并身体力行。③转变教学方式和学习方法，实施同理心体验和分散式合作。传统主导的教学方式从上而下，目的是培养具有竞争性且独立自主的个体。分散式合作教育的目的是让学生意识到知识的社会属性。新的观点认为知识不再是客观独立的，而是我们对共享经历的解释。扁平式学习鼓励学生设身处地为别人着想，体会他人的思想和感情，以此来增强学生的同理心。这要求教育要重视学生的同理心体验和分散式合作的学习过程，培养与第三次工业革命配套的判断力和意识。[①]这意味着科技和产业革命使得社会对创新型人才的需要增加，倒逼学校改进教与学的方式，以牢固树立学生的学习主体地位，培养身心全面发展的人。

二、社会转型对教育提出了新要求

随着我国社会的主要矛盾发生历史性变化，满足人民日益增长的美好生活需求要求不断推进社会治理的创新。社会治理创新需要始终坚持以人民为中心、民生为本、公平正义、共建共享的发展思想，需要不断深化教育等公共服务领域的综合改革，需要公平且高质量的教育，以确保幼有所育、学有所教。

教育是社会的重要组成部分，社会转型必然会影响教育的发展形态。从社会生产方式的角度，阿尔温·托夫勒（Alvin Toffler）认为人类文明的进程经历了三次浪潮：历时数千年的农业革命是人类文明的第一次浪潮，至今不过300年的工业文明引发了第二次浪潮，而第三次浪潮正在被今天的人所缔造。[②]这也就是丹尼尔·贝尔（Daniel Bell）所说的“后工业社会”，即“信息社会”，至今还在发

---

① 杰里米·里夫金. 第三次工业革命：新经济模式如何改变世界. 张体伟，孙豫宁，译. 北京：中信出版社，2012：6.

② 阿尔温·托夫勒. 第三次浪潮. 朱志焱，潘琪，张焱，译. 北京：生活·读书·新知三联书店，1984：51-53.

展之中。当前的教育也处在从工业社会的教育向信息社会的教育转型的过程中。工业时代的教育以规模化、标准化的培养和训练满足了工业社会对劳动力的需求，但在以信息为主导的后工业社会，智能化的生产方式、小型化的生产协作、全球化的社会网络等都对教育提出了新的要求。信息技术结束了标准化，促进教育进入多样化、个性化时代，进而产生了个性化的学习方式。这对传统的教育模式提出了前所未有的挑战，如目前信息化支撑的在线教育如何与传统的线下教育融合发展，还没有形成智能化、个性化的教育新样态。在利用新技术提高学校办学效率的同时，如何增强教学的互动性和学生学习的自主性，如何提升师生的网络素养等，都是未来需要研究的问题。

教育发展要适应社会发展的新趋势和新要求。社会发展的矛盾变化影响了教育改革发展的进程。改革开放 40 多年来，中国社会转型在广度和深度上加速推进，以价值观念的变化和利益格局的调整为主要特征。不同时期的教育改革发展具有鲜明的时代烙印。改革开放初期，邓小平同志站在国家和民族未来发展命运的高度，提出了“教育要面向现代化，面向世界，面向未来”[①]的战略方向。为培养社会主义事业所需要的人才、提升国民素质，1985 年发布的《中共中央关于教育体制改革的决定》提出“有步骤地实行九年制义务教育”的重大决策，将普及九年义务教育作为关系民族素质提高和国家兴亡发达的大事来抓。截止到 2011 年，“我国全面实现九年义务教育，青壮年文盲率下降到 1.08%”[②]。这标志着我国已经全面实现普及义务教育的发展目标，从根本上解决了“有学上”的问题。但随着社会的发展，人民群众对公平且有质量的教育有了更高的期盼，义务教育发展的区域、城乡、校际、群体等差距问题成为制约教育健康发展的重要障碍，实现义务教育均衡发展继而成为引领教育发展的战略任务。《国家中长期教育改革和发展规划纲要（2010—2020 年）》明确提出了“推进义务教育均衡发展”的战略任务。2012 年发布的《国务院关于深入推进义务教育均衡发展的意见》提出“到 2020 年，全国义务教育巩固率达到 95%，实现基本均衡的县（市、区）

---

① 人民网. 教育要面向现代化，面向世界，面向未来.（2017-02-08）. http://cpc.people.com.cn/n1/2017/0208/c69113-29066863.html.

② 中央政府门户网站. 国务院关于表扬全国“两基”工作先进地区的通报.（2012-09-07）. http://www.gov.cn/zwgk/2012-09/07/content_2219414.htm.

比例达到 95%”的战略目标。截止到 2019 年，全国有 2767 个县通过义务教育基本均衡发展国家督导评估认定，占 95.32%[①]，提前完成了我国实现义务教育基本均衡发展的目标任务。当前，中国特色社会主义进入了新时代，意味着我国社会主义发展的道路、理论、制度和文化不断深化，也进一步明确了我国到 2035 年基本实现社会主义现代化的奋斗目标。特别是新时代我国社会的主要矛盾已经转化为人民日益增长的美好生活需要和不平衡不充分的发展之间的矛盾，这直接决定了未来应把提高教育质量、实现教育现代化作为新时代的教育发展目标。因此，社会发展的阶段特征决定了不同时期义务教育发展的目标和任务，教育发展只有紧扣社会发展的需求和时代脉搏，才能在社会转型的大潮中坚定目标定位，适应社会需求。

三、教育要引领未来发展

世界在变，教育也在变。经济和社会的复杂程度不断加深，全球化面临前所未有的挑战。在这个瞬息万变的世界，我们应该重新思考教育的角色和功能，教育应重点培养人具备怎样的观念、责任和能力，以引领未来社会、经济和环境的可持续发展。1972 年的《富尔报告》指出，随着技术进步和社会变革的加速，学校依然是传播系统性知识的基本途径，但社会机构、工作环境、休闲、媒体等社会生活的其他方面将补充进来，进而提出了终身教育的概念，倡导为促进自身、社会、经济、政治和文化发展而学习。[②]1996 年的《德洛尔报告》提出终身学习的构想，并将学会求知、学会做事、学会共处和学会生存作为学习的四大支柱，强调形成完整的人格是教育宗旨的重要组成部分。[③]2017 年的《反思教育：向“全

① 教育部. 教育部：全国已有 95. 32%的县（市、区）实现义务教育基本均衡.（2020-05-19）. http://www.moe.gov.cn/fbh/live/2020/51997/mtbd/202005/t20200520_456728.html.

② Medel-Añonuevo C, Oshako T, Mauch W. Revisiting lifelong learning for the 21st century. Hamburg, UNESCO Institute for Education，2001.

③ Power C N. Learning：A means or an end? A look at the Delors Report and its implications for educational renewal. Prospects，1997（2）：118.

球共同利益”的理念转变？》重申了人文主义方法的重要性，认为维护和增强个人在其他人和自然面前的尊严、能力和福祉，应是21世纪教育的根本宗旨。另外，其强调应将人文主义价值观作为教育和学校改进的基础：尊重生命和人格尊严，权利平等和社会正义，文化和社会多样性，以及为建设我们共同的未来而实现团结和共担责任的意识，进而使教育成为推动变革的力量，引领人人共享的可持续发展的未来。[①]

我们正处于新一轮技术和产业革命、互联网、人工智能和大数据叠加的时代，传统的社会结构和职业分工将产生重大调整，这些都将对传统的学校教育理念和教育模式产生了革命性影响。特别是教育信息化2.0的加速推进，利用信息技术对学校管理、课堂教学等进行重构，不断提高学校管理水平和课堂教学质量。这就需要教育行政部门、学校、教师、学生、家长、社会组织等协同合作，打造信息化支撑下的学校改进新生态。

第二节　学校改进的研究进展

一、学校改进的内涵

学校作为正规的教育机构，是人类历史发展到一定阶段的产物。“学校”一词起源于希腊语词汇“skhole”，意思是“休闲、娱乐或演讲场所”。在希腊的教育中，“paideia”一词既指文化，又指文明，意指个人的整体发展，包括身体和精

① 联合国教科文组织. 反思教育：向“全球共同利益”的理念转变？联合国教科文组织总部中文科，译. 北京：教育科学出版社，2017：30.

神两个方面。[①]但在学校的发展过程中，政府越来越多地介入学校的办学，促使学校培养国家需要的人才，同时学校必须培养社会发展需要的劳动者，因此，从历史发展来看，学校改进的目标、愿景、模式等存在显著的时代特征，只有把学校改进放在历史发展的宏观背景下，才能理解学校的身份和角色定位。

从历史角度看，学校改进的概念随时代变迁而不断被赋予新的内涵，至今还没有形成比较权威的概念。最早且比较有代表性的是 1982 年发起的国际学校改进计划，该计划认为“学校改进是一种系统而持续的努力，旨在改变校内的学习条件（learning condition）和相关条件（related internal condition），最终能让学校更有效地实现教育目标”[②]。学校改进不仅要关注与学习目标直接相关的因素（如课程、教学），还应该关注任何有助于实现学习目标的相关条件（如学校组织结构、学校文化氛围、教师专业发展、校长领导力等）。学校改进的目标不应局限于学校的学业成就，而应“有效地实现教育目标”。教育目标一般包括两个方面：服务于学生，服务于社会。[③]Barth 认为，“学校改进是一种努力，从学校外部或内部为了促进、维持校内成员的学习而创造条件”[④]。迄今为止，被广泛引用的学校改进定义出自 1991 年剑桥大学教育学院启动的“全面提升教育质量项目”（Improving Quality of Education for All，IQEA），其认为“学校改进是教育变革的一种策略，它可以提高学生的学习成效；同时还能增强学校应对变革的能量。这样的学校改进通过聚焦教学过程以及支持它的相关条件来提升学生的学业成就。它是在变革的时代中为提供优质教育而提升学校能量（school capacity）的策略，而不是盲目地、毫无批评性地接受、实施政府的法令”[⑤]。梁歆和黄显华认为“学校改进是一种系统且持久的变革，在这个过程中学校是变革的主体，校外及校内人员协同工作，通过变革学校的内部条件，如教与学、课程、教学资源、学校文化等方面的内容，最终增强学校应对变革的能量，增加学生的学习成效”[⑥]。陈

---

① 安东尼·塞尔登，奥拉迪梅吉·阿比多耶．第四次教育革命：人工智能如何改变教育．吕晓志，译．北京：机械工业出版社，2019：5

② 转引自：梁歆，黄显华．学校改进——理论和实证研究．上海：华东师范大学出版社，2010：8.

③ 梁歆，黄显华．学校改进——理论和实证研究．上海：华东师范大学出版社，2010：9.

④ 转引自：梁歆，黄显华．学校改进——理论和实证研究．上海：华东师范大学出版社，2010：11.

⑤ Hopkins D. The Practice and Theory of School Improvement. New York：Springer，2005.

⑥ 梁歆，黄显华．学校改进——理论和实证研究．上海：华东师范大学出版社，2010：16.

丽和方中雄认为“学校改进是一种针对学校发展的问题，有计划地变革学校内外部运行要素、方式与理念，使学校解决问题，推动学校向理想目标发展的渐进性持续努力过程”①。

为更清楚地厘清学校改进的内涵，有必要对比学校改进和学校改革的联系与区别。从上述对学校改进的概念界定中可以看出，学校改进是为实现教育目的的持续改革努力，具有目标引导的方向性特征。学校改革则强调变革这个过程，也就是说，学校改革不一定意味着学校改进。霍普金森（Hopkins）从两个角度对学校改进进行了解读：一是学校改进与使学校成为学生学习的更好场所的普遍努力相联系；二是从特殊技术角度看，学校改进是一种特殊的教育改革方法，用以提高学生的成就，增强学校的变革能力。也就是说，学校改进通过聚焦“教学-学习”过程来提升学生的成就，改善学习条件，而学校改革则是在变革时期为提高教育质量而实施的提升学校办学能力的策略。②由此可以看出，学校改进以提升学生成就和学校能力为核心目标，既强调“自上而下”的外在干预，也重视学校“自下而上”的内部推动，这也体现出了学校改进的实践逻辑和发展路径。

二、学校改进的路径研究

学校改进的路径源于学校改进的动力机制。学校改进的动力即推动学校改进的力量，这种力量既可来自学校内部，也可来自学校外部。借由外部力量推动学校改进曾是世界各国普遍采用的学校改进策略③，这些外部力量主要包括以下几种：政府及教育行政部门、高校及教育科研机构、行业组织、企业、家长群体或公共舆论以及来自同类学校的竞争。其中，政府及教育行政部门是学校改进的主要动力来源，其指导督促学校依法依规办学，落实好国家的教育方针和各项政策，由此形成对学校改进的强大外部推动力，但也因此形成了学校改进的外部力量依

① 陈丽，方中雄. 基于品牌塑造的学校改进. 北京：北京师范大学出版社，2010：2.

② Hopkins D. The Practice and Theory of School Improvement. Berlin：Springer，2005：2.

③ 楚旋. 30 年来国外学校改进研究述评. 现代教育管理，2009（12）：97-100.

赖、内部动力不足的问题，进一步影响了学校办学活力的激发。因此，需要研究推动将学校改进的外部干预转化为学校改进的内部动力，才能持续增强学校的办学积极性。学校改进的内部动力源于校长的办学理念，依赖校长的改革意愿，以及由此形成的学校管理制度和文化。因此，只有科学把握学校改进的内外部两种改进动力机制，并在实践中有机结合，才能不断促使学校积极、主动地采取改进行动。

学校应该从哪里开始变革？路易丝·斯托尔（Louise Stoll）和迪安·芬克（Dean Fink）认为，学校内部开启的变革之门包括：①调查研究——学习、运用学校和班级层面的学校效能、学校改进方面的研究成果；②课程——引进自我选择的课程和跨学科课程的变革项目；③教和学——学习教学的技能和策略，运用多种多样的教师发展策略；④领导——校长进修可能成为促进学校变革的因素；⑤伙伴关系——用自发的活动和项目将学校和学校外部的伙伴联系起来，共同追求改进；⑥问题——需要迅速解决的难题往往能够通向改进之路；⑦学校发展规划——评估需求，安排优先发展事项，达成与变革有关的责任义务、变革所需的资源和成功标准的决议，执行变革方案及监控评估策略。

学校外部开启的变革之门包括：①国家课程——通过制定必修科目来促进课程发展；②公布测验和考试的结果——通过学校之间的竞争促进学校的发展；③视察——外部的视察可以指出学校需要改进的领域；④管理团队或学校委员会——这些团队在学校改进的战略规划方面逐步占有一席之地；⑤教师鉴定和评价——通过政府和学区的经常性评价来促进教师个人和专业的发展；⑥进行质量检测——全面质量管理和人力投资；⑦借鉴具有高度可靠性的组织。[①]

学校改进的外部之门的主要作用是通过促进学校内部之门的打开而发生真正的变革，然而不管是学校的外部之门还是内部之门，如果忽视了学校组织的条件及其深层文化，都不可能促进学校改进。

由此可以看出，学校改进的外部之门或内部之门，都因学校所处的组织环境和条件的不同，而选择不同的改进策略。也就是说，学校改进策略因学校具体环

---

① 路易丝·斯托尔，迪安·芬克. 未来的学校：变革的目标与路径. 2 版.柳国辉，译. 北京：北京大学出版社，2015：52-53.

境的不同而不同。[1]

学校改进的前提是学校氛围（学校的自然环境、学校的行为规范、人际沟通渠道和决策程序）的全新塑造和家长及社区的密切联系。学校改进的内部条件包括学校愿景、发展规划、学校的领导力、参与和授权、伙伴关系、监控和评价、寻求问题与解决问题、教职员发展和资源援助、调整管理结构、创造力。下面重点从学校改进的外部支援和内部路径来分别阐释学校改进的措施与方法。

（一）学校改进的外部支援

学校改进的外部支援通常指学校与外部的伙伴协作以及学校与家庭、社区的合作。

1. 学校与外部的伙伴协作

Goodlad 认为，“伙伴协作”是学校改进的一种策略，大学和中小学应该致力于建立一种共生关系（symbiotic partnership），“共生”意味着互惠互利，双方的需要都能得到满足。在这种关系中，大学和中小学的教育人员共同分享对于学校和教师教育计划的决策。他认为两种不同文化的结合无论是对于中小学还是大学都有积极的意义。[2]尽管“伙伴协作”对大学和中小学都有必要，但这种合作在现实中依然面临诸多挑战。有研究者认为，最大的挑战就是大学和中小学的文化差异及由此导致的话语体系的差异。Soliman 指出，大学和中小学属于不同的“文化场域”，在合作过程中会不可避免地存在“意义”上的界定和解释上的分歧与冲突。[3]

2. 学校与家庭、社区的合作

学校与家庭、社区的合作是学校改进领域关注较多的话题。Coleman 认为，在儿童的成长过程中，缺少的不是金融资本，而恰恰是社会资本（social capital）的

---

① 路易丝·斯托尔，迪安·芬克. 未来的学校：变革的目标与路径. 2 版. 柳国辉，译. 北京：北京大学出版社，2015：54-61.

② Goodlad J I. School-University partnerships and partner school. Education Policy，1993（7）：24-39.

③ Soliman I. Collaboration and the negotiation of power. Asia-Pacific Journal of Teacher Education，2001（3）：219-234.

支持，即“家庭、社区成员在儿童成长过程中的参与”[①]。早期的学者和政策制定者意识到了“家庭参与”（parents & family involvement）对于儿童教育的重要性，家长开始有机会参与中小学的教育。[②]为维持学校、家庭和社区三方的合作关系，Epstein 建议在合作过程中创设更多类似学校的家庭（family-like school）、类似家庭的学校（school-like family）以及学习型社区（learning community）和关爱型社区（caring community），让参与合作的教育者、家长和社区成员适时转变自己的角色，以便为学生营造关爱型教育环境。她认为，年级水平、社区环境、家庭背景都会在不同程度上影响学校和家庭及社区的合作，建立学校和家庭及社区之间的尊重和信任关系是确保合作稳定的坚实基础。[③]我国的学校对家庭、社区的合作的重视较为滞后，徐建华基于家校合作的视角，阐述了学校改进中家校合作的必要性，重新审视了学校在推进家庭教育方面存在的问题（互相推诿、行政监督缺失、评价机制不健全、专业教材匮乏、师资队伍水平低、教育关注点偏狭），并提出了相应的改进措施（明确责任、增强共育意识、强化监督机制、完善评价标准、规划指导教材、优化专业师资、丰富指导内容、拓展指导途径），以促进学校教育质量的提升。[④]梁歆和黄显华认为，社会的发展，政策的颁布和实施，以及高效能学校、学校重构运动三股力量一起推动了这种合作关系的发展，认为学校与家庭和社区合作的意义是使学校形成了更大的专业社群，让更多的人员参与其中，促进了组织间的交流，最终提升了学生的学业成就，从而使学校获得了更多的外部能量。[⑤]

（二）学校改进的内部路径

1. 文化改进

学校文化是一所学校长期形成的理念、规范和价值体系，通过提升学校文化

① 转引自：梁歆，黄显华. 学校改进——理论和实证研究，上海：华东师范大学出版社，2010：68.

② Epstein J L. Paths to partnership. Phi Delta Kappan，1991，72（5）：345-349.

③ Epstein J L. School-family-community partnerships：Caring for the children we share. Phi Delta Kappan，1995（76）：701-712.

④ 徐建华. 从家校合作的视角关注学校改进. 教育科学研究，2010（2）：33-36.

⑤ 梁歆，黄显华. 学校改进——理论和实证研究. 上海：华东师范大学出版社，2010：291.

可以塑造学校成员的思想、行为，进而有效提升学校的文化品位。Elbot 和 Fulton 认为，应以共享的价值观、信念和行为为基础有意识地构建学校文化，因为学校文化在教师和学生的发展中发挥了中介作用。①他们对英国 134 所中学调查研究的结果表明，“成功的学校文化的要求更加迫切，表现为渴望改进、追求卓越，对每个学生保持高期望；而薄弱的学校对改进的态度淡薄，若结果不尽如人意也更容易选择妥协”②。因此，文化改进是学校改进的一个重要路径。鲍传友从学校文化的角度，对传统学校改进中过分关注资源和技术改进的“输血型”改进方式提出了批评，认为那样做难以从根本上扭转学校“弱化”的趋势，薄弱学校“弱”的根本原因是内部竞争力不足。应以“学校文化”为突破口，通过先进的学校文化增强薄弱学校整体的“造血功能”，从加强校长的文化领导、树立规范意识，以制度增强学校文化意识和特色，提升学校的文化品位三个方面来建设薄弱学校的文化。③

2. 校长领导力

学校领导水平的高低在很大程度上会影响学校发展的空间。有学者从校长领导力的视角来探讨学校改进的路径。例如，杨颖秀认为，校长在学校改进中发挥着关键作用，主要体现为浇铸理念、创建愿景、凝练信任和分享权力。理念只有与实践融为一体时，校长领导力的意义才能得以彰显，学生才会有更大的成长空间。④张东娇重点研究了校长文化领导力的构建，在校长系统学习、联合学习及领导团队学习的基础上，提出了学校文化驱动模型。该模型以蓝海文化战略为导向，基于大学、政府、学校合作，以学校文化为抓手全面驱动学校整体改进。⑤

---

① Elbot C F，Fulton D. Building an Intentional School Culture：Excellence in Academics and Character. California：Corwin Press，2007：2.

② Elbot C F，Fulton D. Building an Intentional School Culture：Excellence in Academics and Character. California：Corwin Press，2007：3.

③ 鲍传友. 学校文化：薄弱学校改进的突破口. 中国教师，2008（3）：58-60.

④ 杨颖秀. 校长在学校改进中的领导力. 教育理论与实践，2012（1）：15-18.

⑤ 张东娇. 学校文化驱动模型的建构与应用——兼论基于文化自觉的校长学习方式. 中国教育学刊，2011（2）：15-19.

校长并非学校领导的唯一主体，“如果把学校改进的努力局限或聚焦在校长一个人身上会消解校长的功能”①。因此，近几年，在学校改进领域，致力于教师领导力的研究越来越多。教师处于教学一线，是影响学生学业成就最直接的主体。Lieberman 等对 17 位教师领导者进行了为期 4 年的调查研究，发现教师领导者不仅提高了自身对教学工作的自信，而且学会了如何领导、激励和鼓舞别人。②由此可见，教师领导力不仅促进了教师个人的专业发展，更重要的是促进了教师之间合作文化的形成，如何提升教师领导力成为学校改进的重要研究主题。Lieberman 等的研究发现，在学校内部构建共同的目标和价值观，对于解决教师领导者在学校的边缘化困境至关重要。③教师领导“强调是集体行动（collective action）、授权和共享代理（shared agency），教师领导所持的唯一核心理念就是所有组织成员都可以充当领导的角色，领导是分散的且可以共享的代理形式，而这些与分布式领导的理念不谋而合”④。卢乃桂和张佳伟对学校改进中的领袖教师进行了研究，通过对领袖教师的角色、能力、专业发展及其与他人的关系等四方面进行分析发现，目前研究多关注领袖教师自身的专业发展，缺少领袖教师与情境关系的研究。他们认为未来应进一步将领袖教师在学校改进中的作用研究引向深入。⑤

3. 教师专业发展

促进教师专业发展无疑是学校改进的重要环节，教师在学校改进中的作用毋庸置疑，研究的焦点集中在寻找最佳的教师发展方式上。King 和 Newmann 基于组织的视角探讨教师专业发展的途径，研究发现，建构学校能量有助于提升教师教学质量，是提高学生学业成就的关键因素。学校能量主要包括个体教师的知识、

---

① 转引自：梁歆，黄显华. 学校改进——理论和实证研究. 上海：华东师范大学出版社，2010：120.

② Lieberman A，Saxl E，Miles M . Teacher leadership：Ideology and practice. *In* The Jossey-Bass Reader on Educational Leadership. San Francisico：Jossey-Bass，2000.

③ 阿尔玛·哈里斯，丹尼尔·缪伊斯. 教师领导力与学校发展. 许联，吴合文，译. 北京：北京师范大学出版社，2007：41-49.

④ Gronn P. Distributed properties：A New Architecture for Leadership. Educational Management & Administration & Leadership，2000，28（3）：317-338.

⑤ 卢乃桂，张佳伟. 学校改进中教师领导研究述评. 教育学报，2010（3）：35-40.

能力和性向(disposition),教师专业发展社群(professional community among staff)和学校内部计划的一致性，而系统的教师专业发展(comprehensive professional development)则囊括了学校能量的所有方面。[①]卢乃桂等研究发现，我国教师专业发展受行政影响而呈现被动发展的现状,表现为等级性、工具性和精英化特点，教师的“disempowered”(权力被剥夺)现象普遍，认为教师自主才是教师专业发展有效性的基础，只有给教师赋权，为教师提供更大的自主发展空间，才能促进教师持续有效地发展。[②]

4. 学生发展

学生参与对学校改进具有重要作用，倾听学生意见是学校改进的一贯主题。富兰(Fullan)认为，“如果在教育变革中，学生不具备某种有意义的角色，那么大多数的教育变革，或者更确切地说，是大多数的教育都将失败”[③]。但在实际的学校改进实践中，学生通常作为学业成就的代名词，而很少作为学校改进过程的参与者。Goodlad 认为，“学校关注的仅仅是他们的学业性向和努力程度，而不是将他们视为单个的人,没有用心去关注对他们的生活环境和阶段来说是独特的身体的、社会的和个人的需要。而且随着年级的升高，学生在决定他们日常的教育行为中的参与日益减少”[④]。为拓展学生参与学校改进的路径，Lodge 从学生的角色、学生参与的目标两个维度出发，建构了质量监控(quality control)、作为信息来源的学生(students as a source of information)、服从和控制(compliance and control)、对话(dialogue)四种理想型的学生参与矩阵模型，其中，学生只有通过“对话”的方式，才能真正成为学校改进的积极参与者，掌握学习的自主权，并不断加深对学校中心目标的理解。[⑤]卢乃桂和张佳伟在分析学生参与学校改进的原因的基础上，提出了让学生参与学校改进的三种途径：给学生赋权；在

---

① King M B，Newmann F M. Building school capacity through professional development：Conceptual and empirical consideration. International Journal of Educational Management，2001，15(2)：86-94.

② 卢乃桂，陈峥. 赋权予教师：教师专业发展中的教师领导. 教师教育研究，2007(4)：1-5.

③ 迈克尔·富兰. 教育变革新意义. 赵中建，陈霞，李敏，译. 北京：教育科学出版社，2005：160-161

④ 转引自：迈克尔·富兰. 教育变革新意义. 赵中建，陈霞，李敏，译. 北京：教育科学出版社，2005：165.

⑤ Lodge C. From hearting voices to engaging in dialogue：Problematising student participation in school improvement. Journal of Educational Change，2005(6)：125-146.

改进的不同阶段配合不同层次的学生参与；采取各种方式加强学生与成人之间的对话。①

第三节　我国学校改进的现状调查

一、学校改进的政策背景

学校改进是国家教育治理理念在实践层面的具体体现，是国家教育治理体系的重要组成部分。教育治理的核心是对教育政策的反思和重构。“治理的核心不是组织或机构，而是制度，或者更形象地说是‘游戏规则’。广义的治理概念是机制的建立和运行。”②学校改进的目标和方向与国家教育政策的设计密切相关。英国学者戴维·赫尔德认为，“制度安排应当能够让相互斗争的各种派别、团体或运动进行和解、谈判和妥协。一套能促进不同观点之间进行商讨、辩论和竞争的制度体系——这一体系能够包容各种运动、压力集团以及政治党派的生成，而且这些运动、集团和政党拥有自己独立的领导层以帮助宣传其立场——显然既不可或缺又人心所向”③。

“任何教育政策都反映一个国家的政治决策、它的传统与价值以及它对它的未来的看法。”④因此，教育政策是某一时期国家经济和社会发展的路线、方针、政策在教育领域的反映。“政府与学校关系的改革之所以难以走出困境，根本原

① 卢乃桂，张佳伟. 学校改进中教师领导研究述评. 教育学报，2010（3）：35-40.

② 卢静，等. 全球治理：困境与改革. 北京：社会科学文献出版社，2016：前言.

③ 戴维·赫尔德. 民主与全球秩序——从现代国家到世界主义治理. 胡伟，等译. 上海：上海人民出版社，2003：15.

④ 联合国教科文组织国际教育发展委员会. 学会生存——教育世界的今天和明天. 华东师范大学比较教育研究所，译. 北京：教育科学出版社，1996：209.

因在于忽视了制度的作用，导致在政府与学校关系的改革与调整中存在着较为严重的制度短缺现象”[①]

因此，通过梳理学校改进所依据的教育政策，可以看出学校改进所依据的教育政策具有明显的时代性和阶段性。从历史的角度看，改革开放后，我国教育政策大致经历了“城乡分类”“城市优先”“城乡均衡”“城乡一体”的发展历程，这直接影响我国学校改进的实践进程。

（一）城乡分类

改革开放后，我国义务教育走的是“人民教育人民办”，“地方办学、分级管理”的发展路径[②]。1985 年，《中共中央关于教育体制改革的决定》和 1986 年《中华人民共和国义务教育法》确立了义务教育实行“地方办学、分级管理”的管理体制，开启了义务教育“县乡村三级办学、县乡两级管理”的管理体制，极大地调动了基层政府和群众办学的积极性，基本实现了“一无两有”（校校无危房、班班有教室、学生人人有课桌凳）和“六配套”（校舍、桌凳、大门、围墙、操场、厕所），办学条件大为改善。[③]20 世纪 90 年代，我国依然实行城乡分类发展、分步推进的义务教育发展战略，1993 年的《中国教育改革和发展纲要》提出，“全面基本普及九年义务教育”，“大中城市基本满足幼儿接受教育的要求，广大农村积极发展学前一年教育”。

（二）城市优先

“以经济建设为中心”的国家发展战略遵循“优先发展城市、鼓励一部分地区优先发展”[④]，优先发展战略反映到教育领域，是实施重点学校制度。1977 年 5 月，邓小平同志提出：“办教育要两条腿走路，既注意普及，又注意提高，要办

---

① 蒲蕊. 政府与学校关系重建：一种制度分析的视角. 教育研究，2009（3）：81-85.

② 邵泽斌. 新中国义务教育治理方式的政策考察. 北京：北京师范大学出版社，2012：93.

③ 中国教育科学研究院. 教育强国之道——改革开放以来重大教育决策研究. 北京：教育科学出版社，2018：118.

④ 邵泽斌. 新中国义务教育治理方式的政策考察. 北京：北京师范大学出版社，2012：126.

重点小学、重点中学、重点大学。要经过严格考试，把最优秀的人才集中在重点中学和大学。”[①]这直接影响着教育经费投入、办学条件、师资队伍、学生来源等向重点学校倾斜，重点学校制度是城市优先发展战略在教育上的反映，其影响至今犹存。

（三）城乡均衡

随着2006年修订的《中华人民共和国义务教育法》将促进义务教育均衡发展作为战略任务，促进城乡教育均衡成为义务教育领域的头等大事，在《国家中长期教育改革和发展规划纲要（2010—2020年）》中进一步予以明确，并逐步形成了一系列促进义务教育均衡发展的政策保障体系。至今，义务教育均衡发展的成效显著，城乡学校的办学条件得到了大幅改善，促进以提升学校内涵为主的城乡学校均衡发展已经提上日程。

（四）城乡一体

特别是党的十八大报告明确提出，要“推动城乡发展一体化”，“加大统筹城乡发展力度……促进城乡共同繁荣”。促进城乡义务教育一体化发展进而成为新时期教育发展的重要战略任务，2016年，《国务院关于统筹推进县域内城乡义务教育一体化改革发展的若干意见》印发，对城乡义务教育发展进行了顶层设计和部署安排。

2017年，党的十九大的召开标志着我国进入了中国特色社会主义新时代，2019年，中共中央、国务院出台了《中国教育现代化2035》，指导未来相当长时期内我国学校走向“普及、质量、公平、结构”等方面整体改进的现代化之路。

通过梳理与学校改进直接相关的政策，我国义务教育学校改进呈现出以下特点：①明确了学校改进的权利主体。在《中华人民共和国教育法》中，学校按照章程自主管理被列为学校9项权利之首，体现了对学校享有办学自主权的尊重。

---

① 邓小平. 邓小平文选：第2卷. 北京：人民出版社，1994：40.

2012年和2016年教育部相继出台《全面推进依法治校实施纲要》《依法治教实施纲要（2016—2020年）》，进一步明确了学校是办学的主体，要通过建立权力清单和责任清单，不断完善学校的章程建设，将中小学校的办学自主权落到实处。②以标准引领学校改进。为实现学校管理的标准化，规范学校改进，教育部印发了《义务教育学校管理标准》，从保障学生平等权益等六个方面明确了义务教育学校的管理职责，明确了学校改进的方向，是指导学校改进的规范性指南。③学校改进权力的现实困境。国家从政策上明确了学校是改进的主体，并规定了其职责和权力，但从现实情况看，学校改进的空间狭小，校长经常处于权力小、责任大的管理困境。为激活学校办学活力，教育部等八部门于2020年专门印发了《关于进一步激发中小学办学活力的若干意见》，明确提出保证学校的教学自主权、扩大人事工作自主权、落实经费使用自主权，不断增强学校的内生发展动力。这也需要我们进一步理清学校改进过程中政府和学校的边界，不断增强学校改进的动力，增强办学的活力。

二、学校改进与学校办学自主权

（一）落实办学自主权是学校改进的前提

办学自主权对学校改进的意义毋庸置疑。在我国，有学者认为“办学自主权是一种相对的、有条件的概念，是学校在依据教育方针、教育规律、法律法规的前提下，针对其面临的任务和特点，为保障办学活动能够依据其自身特点、充分发挥其功能所必须具有的自我决策、自我运行的权力”[①]。著名学者劳凯声将办学自主权定义为“学校及其他教育机构在法律上享有的，为实现其办学宗旨，独立自主地进行教育教学管理，实施教育教学活动的资格和能力”[②]。

为什么要提出扩大办学自主权呢?长期以来，学校对政府存在依附关系，学

① 蒲蕊. 当代学校自主发展理论与策略. 广州：广东高等教育出版社，2005.
② 教育部人事司. 高等教育法规概论. 北京：北京师范大学出版社，2000.

校的办学格局单一，学校在成为政府附属机构的同时，缺少办学的主动性和创造性，办学效益低下。一方面，提出扩大学校办学自主权的旨趣在于理顺政府与学校的关系，提高学校的办学效益；另一方面，尽管从现象上看，提出学校办学自主权的出发点在政府，同时也是学校自身发展的内在要求。①可以看出，扩大学校办学自主权是国家意志和学校发展规律的双向要求。

对于如何解决落实办学自主权过程中存在的问题，不同的学者从不同的视角出发提出了不同的看法。冯志军等从完善法律法规制度的视角出发提出，“《教育法》要对建立教育中介机构作明确规范，支持和鼓励建立发达的教育中介机构，激励学校最大限度地使用法律赋予的办学自主权。另外，在《教育法》中应创设政府及其他机关、部门对保护学校办学自主权应尽的义务，切实保障学校办学自主权的实现”②。廖哲勋在其《中小学办学自主权的落实》一文中从政府职能转换和学校自身建设视角，提出了对如何落实办学自主权的理解。概括起来，主要包括以下几个方面：①坚持政府及其部门的服务和保障职能。政府要自觉停止对中小学校内管理工作的不当干预，树立服务意识，改进管理工作，依法保障学校充分行使办学自主权。②发挥学校领导集体自主办学的能动作用。学校领导集体要依据法律法规坚决行使办学自主权，并以实事求是的精神增强办学的自主性。③强化师生员工和家长、社区代表对学校管理的参与和监督作用。一方面，要强化校内科学民主决策机制与监督机制；另一方面，要强化教职工代表大会参与学校决策及监督学校管理的职能，并逐步完善和推广具有中国特色的校务委员会制度。③

我国学校改进涉及学校办学自主权和校长负责制等概念，本部分通过对办学自主权和校长负责制的相关研究和述评进行分析，理清中小学校内部改进过程中的依法自主管理的研究现状。

首先，从政府和学校的关系来看，对中小学办学自主权存在三种不同的观点：①学校被管得过多，学校自主权不足，学校应进一步扩大办学自主权。例如，朱

① 冯志军，钟逸. 我国《教育法》中的办学自主权及其实施. 教学与管理（中学版），2004（1）：10-12.
② 冯志军，钟逸. 我国《教育法》中的办学自主权及其实施. 教学与管理（中学版），2004（1）：10-12.
③ 廖哲勋. 中小学办学自主权的落实. 教育科学研究，2011（4）：22-25.

小蔓认为，有些教育行政机关在人财物、课程及其他教育教学业务方面，对学校管得过多、统得过紧，学校的办学自主权落实得不够好，学校依法自主管理尚未实现。②政府在一些领域也存在突出的“放权过度、约束不足”问题。③政府越权与学校权利越界并存。例如，罗朝猛发现，公立中小学在行使自主权方面存在两方面的困境：一方面来自上级主管部门的规定、命令、规范对学校的控制依旧过多过死，学校的办学自主权难以落实；但另一方面，学校在行使权力的过程中出现了随意开除处于义务教育阶段的学生，表面行使校长负责制赋予校长的权力，实则演化为个人的权力，并出现权力滥用。[①]由此可见，对学校办学自主权的理解和实践存在诸多差异，本部分试图在政策上厘清办学自主权的内涵的基础上，对相关问题进一步进行调查研究。

其次，对校长负责制的研究主要体现在，从宏观上，通过对学校管理体制的梳理和校长负责制内容的分析，学者认为学校办学自主权难以落实是中小学校长负责制运行中存在的突出问题。例如，郭凯认为，校长普遍感觉自己的权力还很不够，主要集中在缺乏足够的经费筹措权和真正的办学自主权两方面，要求教育行政部门下放权力和扩大权力。教育行政部门和教师则反映，校长的权力已经足够大，需要对校长的权力进行监督乃至限制。[②]由此可见，关于校长的权力是大还是小，处于不同立场的人会有完全不同的认识。校长作为学校的法人代表，在学校自主管理过程中发挥着重要作用，因此，本部分将通过实地访谈来进一步了解校长和政府教育行政部门的职责权划分情况。

（二）提高依法自主管理能力是学校改进的关键

对于我国中小学的“自主管理”，最初中央层面并没有做出总体性的政策规定。1985 年发布的《中共中央关于教育体制改革的决定》是一个划时代的标志性文件，其中将扩大自主办学的权力赋予了高等学校，而中小学不在其列。直到 1995 年，《中华人民共和国教育法》才在原则上规定，学校“按照章程自主管理”，

① 罗朝猛. 直面公立中小学权利行使之困. 教书育人（校长参考），2009（5）：14-15.

② 郭凯. 中小学校长权力的性质与边界. 教育发展研究，2008（20）：41-46.

并在其后几年的政策文件里对学校的办学权力和职责定位不断地进行明晰。通过我国学校自主管理的政策演变可以看出，我国中小学管理改革的目的之一是针对中小学内部管理体制由于权力过于集中，学校缺乏人权、财权和办学自主权，校长难以从学校的实际出发实施全面管理，为了解决这些问题，一方面落实了校长负责制，向学校放权，以解决学校内部党政不分、以党代政的现象，另一方面解决政府管得太多、学校缺乏活力的问题，给学校下放更多的决策权。到 20 世纪 90 年代中期，一些地方在局部实施了“国有民办”的政策，允许部分学校在保证国有资产安全和落实教育方针的前提下，按照民办学校的机制运行，自筹经费，自主管理。当时，这一政策得到了中央政府的肯定。[①]20 世纪 90 年代后期，在管理体制改革的基础上，我国基础教育改革的重点转移到了以现代教育思想为指导的课程改革上来，学校被赋予实施“校本课程”的自主权，教育部印发的《基础教育课程改革纲要（试行）》中规定：为保障和促进课程对不同地区、学校、学生的适应性，实行国家、地方和学校三级课程管理。为了处理好国家课程、地方课程和校本课程的关系，教育部于 2014 年颁发《教育部关于全面深化课程改革 落实立德树人根本任务的意见》，根据规定内容，要统筹各学段、各学科、各环节、各主体的育人功能，整合利用各种资源，实现全科育人、全程育人、全员育人。

由此可见，我国中小学经历了“校长负责制—办学体制—课程管理”的权力下放的发展路径。从根本上讲，我国中小学自主管理是为了给学校松绑，赋予学校自主管理的权力和责任，增强其对社会需求的主动适应性，但由于我国仍处于社会主义初级阶段，教育制度、外部发展环境都相对薄弱，决定了我国学校自主管理改革实践只能采取分步走的渐进策略，逐一推进。实行校长负责制，就是为了给学校更大的决策权，给以校长为首的行政系统更大的领导权，这一管理格局形成以后，更为艰巨的课程改革才能被提上日程。这与国际上“校本管理”的发展规律或历程是一致的。因此，在我国，要顺利推进学校改进，就必须首先理清学校管理的体制和机制，理顺学校内外部的管理关系，只有这样才能激发学校内

① 中国政府网. 国务院关于基础教育改革与发展的决定.（2001-05-29）. http://www.gov.cn/gongbao/content/2001/content_60920.htm .

部的活力，把学校的效能提高到更高的层次。

三、学校改进的现状

为深入了解我国学校改进的实践逻辑，笔者对吉林长春某区、广东深圳某区、青海海东某区及浙江衢州某县的部分教育行政人员和部分中小学校长进行了实地访谈，了解了地方教育行政部门对学校的管理方式和管理权限，以及通过落实学校办学自主权推动学校改进的情况，进而从影响学校改进的核心要素的视角分析了区县中小学校校长依法自主办学、实施学校改进的实践逻辑和面临的问题及挑战。本部分主要通过学校自主管理能力现状来考察学校改进的实施情况。

（一）中小学校对依法自主管理能力认识不清

学校依法自主管理能力是学校相对于政府教育行政部门而言所拥有的自主办学权利和能力，政府教育行政部门是我国公办中小学的举办者，对学校的办学方向、办学宗旨、办学经费等有明确的规定，政府教育行政部门对学校的行政干预导致学校对其有较强的依附性。在实地调查中我们了解到，一些人对中小学校办学自主权的认识还存在模糊的现象。

（1）校长对自身所拥有的自主办学权的认识还不是很清晰。在调查中，有校长认为自己一点权力也没有，没有教师招聘权，经费的使用也要层层上报和审批，甚至连批准教师辞职的权力也没有；也有校长认为自己有相当大的自主权，可以引导推动教师的专业成长，因地制宜地开展学校的课程教学改革，并争取政府对学校的支持，甚至可以向社会购买服务等。可见，校长对自身角色和地位的认识与学校的改革和发展紧密相连，校长对权力缺失的感受会影响其推动学校改革和发展的动力，并将学校发展中存在的问题归咎于因校长没有权力导致的无能为力。出现这种状况是因为校长没有正确认识自己的角色和工作定位，没有认真履行好法律赋予其的责任和使命。

（2）学校法人的认识不到位。法人是面向市场依法享有民事权利、独立承担民事责任的实体。《中华人民共和国教育法》明确规定，学校及其他教育机构具备法人条件的，自批准设立或者登记注册之日起取得法人资格。《中华人民共和国民法通则》第三十七条规定，法人应当具备以下条件：①依法成立；②有必要的财产或者经费；③有自己的名称、组织机构和场所；④能够独立承担民事责任。但我国义务教育学校大都是政府举办，学校办学也经历了从政府办学到面向社会办学的发展历程。在学校转型面向社会办学的过程中，国家积极引导学校通过建立现代学校制度，成为社会上依法独立办学的法人单位。笔者在调查中了解到，目前大部分学校已成为独立的法人，有了单独的账户，享有相应的民事权利。但也有校长表示，校长只是形式上学校的法人代表，没有用人权、经费使用权和课程改革权，一切都得严格按照教育行政部门的要求办学，该申请报批的还得申请报批，经费使用依然有严格的限制等。学校，特别是校长因此缺少自主办学的意识和能力，长此以往，必然会导致学校对政府教育行政部门形成依赖，校长在思考学校办学特色、学校发展规划等事关学校发展的大计方面缺乏主动性。同时，中小学校作为代表国家履行教育职责的公益性机构，必须受到教育行政部门的约束和管理，以确保学校办学的公益性不动摇。因此，学校，特别是中小学校只能作为市场上的特殊法人而存在，在政府主导下通过依法落实学校办学自主权，不断明确学校改进的空间。

（3）学校对章程的认识不一致。《中华人民共和国教育法》明确规定学校享有依照章程自主管理的权利。章程是学校办学的依据和指南，国家也出台了相关政策鼓励中小学校在地方教育行政部门的指导下，制定和完善学校的章程。然而，通过实地调研笔者发现，学校之间不仅在章程的制定时间上有差异，有的已经制定，有的尚处在研究阶段，而且章程的体例、内容、权责也不尽相同，有的学校章程对办学的定位、特色及学校各主体的职、责、权都有明确的规定，可以明确地指导学校的办学行为，有的学校章程内容写得过于宏观，对工作缺乏指导性。虽然国家对章程制定的体例没有提出统一的要求，但在实践中对章程这类事关办学方向的重要问题应该尽快达成共识。

（二）学校依法自主管理的重心呈现出差异性和阶段性

正如澳大利亚校本管理研究权威卡德威尔教授所认为的，校本管理经历了三个阶段：一是普遍的管理体制层面的校本管理；二是关注校本管理与课程、教学模式的联结；三是近年来“更具系统的努力去建设学校的能力、去测量和监控学习的成就”①。他描述的这个过程表明，实施自主办学一般遵循“制度建设—课程改革—学习监测”的发展路径。在对吉林长春某区、广东深圳某区等地学校的调研中，笔者明显感受到学校的自主办学行为存在显著的差异。

（1）地区之间的学校自主管理行为呈现出一定的阶段性。例如，吉林长春某区、青海海东某区等都处于卡德威尔教授所描述的自主管理的第一阶段，都将自主管理的重心放在了建立现代学校制度的管理体制层面，重视学校的法人、章程等方面的制度建设。广东深圳某区大部分学校完成了现代学校的制度建设，将学校自主管理的重点聚焦在了校本课程建设、信息技术与教学如何实现深度融合、如何建构有本校特色的课程体系等方面，这显然是卡德威尔教授所说的自主管理的第二个层次。卡德威尔教授所述的自主管理的第三个层次在实地调研的地方还没有明确地体现出来。

（2）学校的自主管理行为表现出较大的差异性。除了自主管理行为的阶段性差异外，作为育人的机构，学校也希望办出特色、办出活力。在笔者所调研的学校中，有的校长侧重考量通过管理实现科技与人文特色的融合发展，有的校长侧重利用信息化的手段改进学校的教学和管理，有的校长善于处理好学校和政府、社会的关系，最大限度地争取资源，为学校发展所用，等等。这些都表明，学校的自主管理能力的落实没有固定的模式，是学校根据自身的历史和发展实际所做出的理性选择。

（3）学校依法自主管理能力的落实与政府教育行政部门的简政放权密切相关。如前所述，学校作为政府教育行政部门的附属单位的性质并没有改变，虽然国家在积极倡导并推进管办评分离的改革，但在实地调研中我们发现，地方教育

① 转引自：冯大鸣．世纪初的国际教育管理走向——与澳大利亚墨尔本大学卡德威尔教授的对话．全球教育展望，2001（4）：2.

行政部门对其的认识和推进的程度存在明显的差异，有的地方教育行政部门已经列出行政管理的权力清单和责任清单，有的地方学校作为行政部门的下属单位还处在事事需报批的统管阶段。因此，地方教育行政部门简政放权的力度决定了学校自主办学的推进程度。

（三）学校依法自主管理能力的发挥容易导致政策困境

学校依照章程自主管理学校在实践中体现在以下几个方面：首先，要贯彻落实好国家的教育方针和政策，完成国家人才培养目标的“规定动作”；其次，在属地管理的体制下，学校必须执行好地方的教育政策；最后，学校作为面向社会的独立办学实体，必须创造性地形成本校独立的办学模式和育人模式。因此，在实践中，学校的自主办学能力的发挥必须将国家的政策需求、地方的社会需求和学校的实际情况相结合。然而，伴随着学校自主办学能力的提升，学校自主管理面临的政策困境逐步凸显。在实地调研中，有校长表达了办学的苦恼和困境，主要体现在以下方面。

（1）学校课程评价的滞后性。目前，一方面，中小学的课程设置要保证开齐开足国家规定的课程；另一方面，在当前的课程改革实践中，国家又鼓励学校实施课程整合，探索不同学段、不同科目等环节的课程整合，然而是否执行好国家的规定课程，又是地方教育行政部门检查和评估的重要内容，因此，学校目前倡导的学科整合的课程改革导向与行政部门的检查和评估机制存在冲突，使学校课程改革无所适从。

（2）学校课程统整导致国家规定的课时量不够。在实地调研中，笔者了解到，在校本课程统整比较深入的学校，国家规定的课时与学校实行的课时不一致，国家规定的课程每周的课时都有明确的规定，这就容易导致统整后的课程课时不够，例如，语文老师开国学课（语文+国学），就必须从其他地方挤一节上国学；再如，英语老师原本一周上四节英语课，如果再上口语课的话，就必须从英语课中挤出一节等。课时不够的问题是一线教师在课程整合过程中面临的一个突出问题。

（3）教师县级统筹调配和学校用人权的矛盾。教师作为学校最重要的人力资源，其招聘和调配由县级教育行政部门统一实施，县级教育行政部门往往通盘考虑，并对薄弱学校进行适度的倾斜，以实现所有学校师资的大体均衡。对一所具体学校而言，及时招聘到所需学科的教师对学校发展的重要性不言而喻，在实地调查中，有校长反映，因程序烦琐，学校需要的人进不来，向社会购买服务引进的教师流动性太大，从而影响了学校的教育和教学工作。

（4）学校课程设置与学生评价机制的不一致。例如，有校长反映，中学不考音乐、美术，体育只考200米跑，这种导向的评价机制不利于学校对课程和课时的安排，既不能把教材当课程，要给课程松绑，又要逐步实现学生评价机制的多元化。当前，国家对体育和美育的重视为破解学校课程设置和学生评价的矛盾提供了契机。因此，当学校的自主管理往课程教学改革等环节深入推进时，容易出现与国家规定的课程设置、评价机制的矛盾和冲突，这对当前学校通过提高自主管理能力进行学校改进提出了挑战，同时也为其提供了进一步探索和创新的机遇。

四、学校改进的影响因素

学校改进涉及学校内外方方面面的因素。从政府和学校的关系看，需要提高政府对教育的治理能力和学校内部自我改进的能力。首先，需要立足政府教育行政部门的管办评分离改革，制定政府教育行政部门的权力清单和责任清单，将行政管理的重心转向依靠经费、标准、信息等方面的宏观管理，确保学校教育资源的均衡分配，而不干预学校的微观管理。其次，落实学校的办学自主权不是简单地给学校扩权，学校自主办学的权力应该在国家制度的框架内依法行使，这需要学校健全和完善学校章程，作为学校实施规范管理的依据。再次，落实学校的办学自主权也不是简单地实施校长负责制，需要完善学校内部治理结构，建立和完善学校的集体决策机制和民主监督机制。最后，提升学校自主管理能力的核心是提升校长的领导力，确保校长在学校发展规划、特色定位、课程设置、人才培养和教师专业发展等方面发挥领导作用。

（一）依法内强“规范”

1. 健全学校章程

《国家中长期教育改革和发展规划纲要（2010—2020年）》提出，大力推进依法治校。学校要建立并完善符合法律规定、体现自身特色的学校章程和制度，依法办学，从严治校，认真履行教育教学和管理职责。《全面推进依法治校实施纲要》明确提出了要形成一校一章程的办学格局。由此可见，学校章程对于学校管理和改进的意义重大。要明确学校章程是学校教育和管理活动的行为规范，是对学校教育主体关系的调整和概括。学校实施章程的目的是规范办学秩序，实现依法治校。制定一部既合乎国家法律政策要求又符合本地学校实际的章程显得尤为重要。

在章程制定的过程中，需注意以下几方面的问题：首先，要明确学校的定位、特色、规划等学校办学的基本情况。章程的制定要采取适当的方式使师生达成共识，才能转化为师生的具体行动。其次，对校长、学校各部门的组织架构和职责权限有明确的界定。只有各部门的职责权限清晰，各司其职，才能减少工作中推诿扯皮的现象，提高组织管理的效能。最后，章程制定的程序要规范。章程的制定要避免出现学校管理部门的“闭门造车”现象，要通过校务会进行集体决策，通过专家的咨询论证，通过学校教职工代表大会集中审议，然后报县级教育行政部门批准后才能实施。章程制定后就成为学校办学的“根本大法”，能指导规范学校依章进行自主管理。

2. 完善学校内部治理结构

提高学校自主管理能力，需要完善学校内部治理结构，倡导学校依法实施自主管理不是简单地扩大校长的管理权限。当前，在国家倡导管办评分离的大趋势下，国家向地方分权，地方教育行政部门向学校简政放权，但在学校这一层面，校长还应该进一步向职工和师生放权，保障师生民主管理和民主监督的权利。在实地调研中，有校长反映当前校长更多地关注校长办学自主权的大小，而非学校内部治理结构的完善。因此，一方面，要完善学校的校长负责制，但实行校长负责要避免搞成事事校长一言堂，凡涉及学校改革和发展的重大问题、重大事项，必须经由校务委员会进行集体决策，同时接受党组织的监督；另一方面，要健全学校内部治理结构，这是提高学校自主办学能力的组织基础。在实地访谈中，当被问及做一名优秀的校长必须具备的能力时，有校长毫不迟疑地说，团结教师团队是一名校长的必备能力，因为教师是学校的中坚力量，发挥好他们的作用对学校的发展至关重要。可见，激发教师参与学校民主管理和民主决策，对于提高学校的自主管理能力至关重要。

要建立和畅通教师参与学校管理和决策的渠道，首先，要建立教师代表参与校务会的工作机制，吸引教师代表参与学校的校务委员会，在学校的最高决策机构反映广大教师的心声。其次，在有一定规模的学校探索扁平化的分级管理体制，学校职能部门和中层年级组各司其职，分工合作，提高管理的效能，最终形成以校长负责制为主体，以学校党总支监督为保障，教职工代表大会、校务委员会和家长委员会等民主参与的学校内部治理结构体系。最后，学校的内部治理结构要通过学校章程确定下来，并制定学校章程的执行机制，使学校章程成为保障教师依法参与学校民主决策和监督的重要依据。

3. 规范学校办学自主权

中小学校自主管理的宗旨是通过赋予学校办学自主权，增强学校办学的特色和活力，提高人才培养的质量。这需要学校将自主管理的重点放在团结教师队伍、聚焦课程教学改革上，并不断赋予教师进行课程改革的权力和提升教师的课程改革能力，以最终服务于学校培养全面发展的学生的最终目的。

保障学校办学自主权是有效推动学校改进的基础。学校的办学自主权应主要围绕学校的教学管理等专业活动来展开。笔者在实地调研中发现，有的校长将办学自主权聚焦在人权和财权上了，认为学校没有招聘教师的权利，就没有人事权。学校的校舍维修、设备购买甚至教师培训等超过一定额度需经过县级教育行政部门的审批，就认为没有财权。在办学实践中，对办学自主权持这种认识的校长不在少数。很明显，落实学校办学自主权不等于对校长办学没有监督，也不等于校长权力的无限放大。校长作为政府委托管理学校的专业人员，始终处于政府的监督和指导之下，这一点毋庸置疑。因此，有必要在政策和实践中对办学自主权做进一步的澄清，学校的办学自主权主要是围绕学校内部的教学等专业权利来展开的，对教师的招考依法由县级教育行政部门统一调配，逐步实现教师角色从“学校人”到“系统人”的转变，这有利于县级教育行政部门统筹考虑城乡学校教师的优化配置，而学校对教师的管理权利主要体现在负责教师的使用、培训和考核等方面。在学校经费使用上，学校应坚持完善国家政策要求的学校经费使用“以县为主，校财局管”，实现财务规范、专业和科学的管理，在一定额度内，校长享有经费支配的签字报销权。由此可见，提高学校的自主管理能力，学校，特别是校长必须明确学校的办学自主权的范围和重点，聚焦学校教学的专业指挥权，强化规范，而不是简单地向地方教育行政部门要权。校长需要重新认识自己的角色定位，依照《中华人民共和国教育法》《中华人民共和国义务教育法》赋予的权利，以育人为导向，增强教学和课程改革方面的知识和能力，充分行使教育法律赋予校长的教学管理等方面的专业权力，这些专业权力也是校长应具有的所有权力的核心。

（二）依法外聚资源

中小学校教育作为基本公共服务，需要政府的强力支持和社会的广泛参与，最终形成政府、社会共同参与学校办学的“共治”局面。虽然国家在推行政府转变教育管理职能，促使学校成为面向社会依法办学的独立法人，但我们应清楚地认识到，学校这个法人身份不同于一般意义的法人，具有特殊的属性。在调研中，有地方教育行政部门负责人就表示，学校即使变为法人，也不能独立承担社会责任，例如，家长与学校之间产生纠纷，第一时间想到的就是找教育局。这反映出学校这个法人不符合《中华人民共和国民法通则》规定的一般意义上的法人要件，政府作为学校的举办者天然地具有管理和保障学校发展的权利和义务。因此，从治理的视角而言，一方面，要处理好与政府教育行政部门的关系，保障学校办学的专业权力，尽力争取政府对学校办学的支持，因为公办中小学的办学资源大都来自政府，大到学校的运行经费、教师工资，小到设备的采购、教师的培训，都来自财政的拨款。另一方面，学校要拓宽办学的资源渠道，充分利用向社会购买服务等方式来提高学校的自主办学能力。例如，学校必须加强预算管理，提前半年甚至一年的时间将教师等相关的资源需求报到教育局，积极争取教育行政部门对学校发展的支持，同时通过购买服务等方式满足学校的临时性教师需求。另外，在实地调研中笔者还发现，由于地方教育财政的有限性，有的教育行政部门通过招投标的方式设置若干项目，由学校竞标，这也考验着学校，特别是校长的管理能力，是争取社会资源支持的一种有益探索。

学校应是一个开放的社会结构系统，应该面向社会依法自主办学，不断提高学校改进能力。现代教育治理的一个重要特征就是要争取家长、社区等各种社会资源对教育的支持。因此，提高学校的自主管理能力，学校，特别是校长应善于处理与社区、家长的关系，社会和家长的各种资源会通过各种方式反哺学校。在笔者的调研中，有的学校校长就非常自豪地向笔者展示社区对学校支援的“成果”，介绍社区对学校办学的支持情况。可见，学校与社区建立良好的关系也是考察学校改进、提高学校自主管理能力的重要一环。

（三）核心是提升校长领导力

目前，我国实施中小学校长负责制，“一个好校长成就一所好学校”，校长在学校自主管理能力提升中起到了领导和核心作用，是学校的灵魂，校长的领导风格和管理方式会影响一所学校的发展。因此，提高学校自主管理能力的关键是提升校长的领导力。在实地调研中，当被问及其领导力主要体现在哪些方面时，有的校长认为，校长在学科教学、学术研究方面样样以身作则，带头示范，才能团结大多数教师，共谋学校发展。这反映了校长领导力首先表现为校长有较强的领导力。校长领导力的核心是课程领导力。课程是学校育人的重要载体，当前国家课程改革的方向是在坚持三级课程的基础上，加强课程的统筹力度，开发具有本校特色的校本课程体系，这就需要校长在学校课程改革中发挥引领和指导作用，加强对课程统筹和实施的指导。但校长的引领和指导并不意味着取代教师在课程改革方面的主体作用。在调研中，有的学校校长就明确提出，当前学校在课程改革方面不能单方面地强调提升校长的课程领导力，而更应该提高教师的课程领导力，发挥教师在学校课程统筹和开发中的主体作用。最后，教学领导力是校长领导力的重要组成部分。课堂教学是学校育人的主阵地，校长领导力必须要深入课堂教学环节。以教育信息化为例，当今信息技术对学校课堂教学模式产生了巨大冲击，慕课、翻转课堂等新型教学模式层出不穷，校长对此要有理性的认识，不要盲目跟风，要探索适合本校实际的信息技术与教育教学深度融合的育人模式。在此，笔者仅从影响因素的角度，对校长领导力对学校改进的重要性进行了论述，后面还会专门论述校长领导力促进学校改进的研究进展、现状和作用。

第二章　教育治理：学校改进的一个视角

治理的概念源于西方。在西方学术领域，治理一词广泛被应用于政治学、经济学、社会学等领域，并逐步形成权力分散、主体多元、结构网络化、过程互动化等关键要素[①]，但尚未形成权威的定义。时至今日，治理依然是跨学科研究的重要对象，是一个发展中的概念。从公共行政角度看，治理的产生是西方国家为了应对由政府失灵和市场失灵带来的管理危机，在当时制度背景下处理危机的一种思路。由此看来，治理是一个具有时代背景的概念，治理的理论和实践都受到了特定的政治背景、经济和社会发展的影响，也就是说，对治理的分析和应用不能脱离特定的制度环境。但这不意味着源自西方的治理概念对我们没有意义，只是需要注意的是，在借鉴西方治理概念来分析我国的实践问题时，要关注到我国和西方从治理视角处理政府、市场、社会的相互关系及其演化路径的差异。

① 包国宪，郎玫. 治理、政府治理概念的演变与发展. 兰州大学学报（社会科学版），2009（2）：1.

第一节 教育治理的研究进展

一、治理的内涵和特征

党的十八届三中全会把“完善和发展中国特色社会主义制度，推进国家治理体系和治理能力现代化”确定为全面深化改革的总目标，开启了我国全面深化改革、系统整体设计推进改革的新时代。推进教育治理体系和治理能力现代化，进而进入我国教育政策议程，成为我国教育改革发展的战略目标。因此，从学理上厘清治理的内涵和特征，对于提升我国教育治理能力具有重要意义。

“关于治理的多项研究都以唯一的一个前提为出发点：现代社会愈来愈复杂、愈来愈分裂，是一张由大量相互差别、各自独立的社会子系统组成的网。”[①]这种复杂的网络化社会意味着传统的单一化管理主体及自上而下的控制式管理机制已难以为继。因此，治理的理念应运而生。

现代治理概念的提出源于对企业问题的研究。威廉姆森（Oliver Williamson）最早提出了“治理结构”的概念。之后，法玛（Eugene F. Fama）和詹森（Michael C. Jensen）提出了所有权与经营权分离情况下的代理人问题。1989 年的世界银行报告把治理概念扩展到企业之外，将各种非营利组织如政府、中介组织、学校纳入治理研究的范畴。

“治理”（governance）一词源于拉丁文的“gouver-nail”，原意是掌舵、引导和操纵。[②]起初，指导、指引（gouverne）、统治、政府（gouvernement）、治理

① 俞可平. 治理与善治. 北京：社会科学文献出版社，2000：328.

② 皮埃尔·卡蓝默. 破碎的民主——试论治理的革命. 高凌瀚，译，北京：生活·读书·新知三联书店，2005：4-5.

（gouvernance）这些词有相同的词源，均表示主导、驾驭某事物。gouvernement 的理念逐渐确立起来后，只代表一种含义：统治的思想与等级化的权力、垂直和自上而下的指挥关系，以及以整齐划一的方式推行的意志等，与对国家整体性的思考紧密相关。[①]20 世纪 90 年代前，无论是在学术领域还是在实践领域，治理并非经常、广泛使用，而且也缺少独特的内涵与理论。“治理在近现代社会科学领域基本是一个被遗忘的词汇，只是偶尔作为‘统治’（government）的替代词而出现。”[②]20 世纪 90 年代以后，西方学者赋予 governance 新的含义，且含义与 government 相去甚远。在关于治理的各种定义中，全球治理委员会的定义具有权威性和代表性。“治理是各种公共的或私人的、个人和机构管理其共同事务的诸多方式的总和。这既包括有权迫使人们服务正式的制度和规则，也包括各种人们同意或以为符合其利益的非正式的制度安排。”[③]由此可见，现代的治理的内涵更为丰富，既包括政府机制，也包括非正式、非政府的机制。所以，“治理就是这样这一种规则体系，它依赖主体间重要性的程度不亚于对正式颁布的宪法和宪章的依赖”[④]。

治理脱胎于统治，却具有与统治完全不同的内涵。具体地说，尽管治理这一术语拥有多种多样的定义，但比较经典的解读表现为以下几种，更多的关于治理的界定都以这几种解读为参照。其一，治理理论创始人之一美国著名学者詹姆斯·N. 罗西瑙（Rosenau）将治理定义为一系列活动领域里的管理机制，它们虽未得到正式授权，却能有效地发挥作用。与统治不同，治理指的是一种由共同的目标支持的活动，这些管理活动的主体未必是政府，也无须依靠国家的强制力量来实现。其二，治理理论的另外一个代表人物罗茨（Rhods）从应用范畴的角度对治理进行解读，将治理归纳为六种形态：①作为最小国家管理活动的治理，它指的是国家削减公共开支，以最小的成本取得最大的效益。②作为公司管理的治理，它指的是指导、控制和监督企业运行的组织体制。③作为新公共管理的治理，它指的是将市场的激励机制和私人部门的管理手段引入政府的公共服务。④作为

---

① 让-皮埃尔·戈丹. 何谓治理. 钟震宇，译. 北京：社会科学文献出版社，2010：14.

② 王诗宗. 治理理论及其中国适用性. 杭州：浙江大学出版社，2009.

③ 转引自：俞可平. 治理与善治. 北京：社会科学文献出版社，2000：4-5.

④ 詹姆斯·N. 罗西瑙. 没有政府的治理. 张胜军，刘小林，等译. 南昌：江西人民出版社，2001：4-5.

善治的治理，它指的是强调效率、法制、责任的公共服务体系。⑤作为社会-控制体系的治理，它指的是政府与民间、公共部门与私人部门之间的合作与互动。⑥作为自组织网络的治理，它指的是建立在信任与互利基础上的社会协调网络。[①]

英国著名治理理论研究者格里·斯托克（Stoker）提出了治理理论的五个论点：其一，治理意味着一系列来自政府但又不限于政府的社会公共机构和行为者。政府不再是唯一的权力中心，各种公共的和私人的机构也可能成为不同层面的权力中心。其二，治理意味着在为社会和经济问题寻求解决方案的过程中存在界限和责任方面的模糊性。国家正在把原先由它独自承担的责任转移给社会，即各种私人部门和公民自愿性团体。这样，国家与社会之间、公共部门与私人部门之间的界限和责任会变得模糊不清。其三，治理明确肯定了在涉及集体行为的各个社会公共机构之间存在权力依赖。为达到目的，各个组织必须交换资源、通过谈判达成共同目标。其四，治理意味着参与者最终将形成一个自主的网络。这一自主网络与政府在特定的领域中进行合作，分担政府的行政管理责任。其五，治理意味着办好事情的能力并不仅限于政府的权力，不限于政府的发号施令或运用权威，在公共事务管理中，还存在其他的管理方法与技术，政府有责任使用这些新的方法和技术来更好地对公共事务进行控制和引导。[②]从上述几种关于治理的经典解读中不难得出这样的结论：多边性、共识性、协同性是治理的本质性特征。

治理作为一种政治管理过程，与统治既有联系也有区别。治理也像政府统治一样需要权威和权力，最终的目的也是维持正常的社会秩序，这是治理和统治的共同之处。但两者至少有两个基本的区别：首先，治理和统治的本质区别在于治理虽然需要权威，但这种权威并非一定是政府机关，而统治的权威必定是政府。治理的主体既可以是公共机构，也可以是私人机构，还可以是公共机构和私人机构兼有，但统治的主体一定是社会的公共机构。其次，管理过程中权力运行的向度不一样。统治的运行过程是自上而下的，它运用政府的权威，通过制定和实施政策对社会事务进行单一向度的管理。治理是一个上下互动的管理过程，它主要

---

① 俞可平. 治理与善治. 北京：社会科学文献出版社，2000：2-4.

② 俞可平. 治理与善治. 北京：社会科学文献出版社，2000：3.

通过合作、协商、伙伴关系、确立共同的目标等方式实施对公共事务的管理。[①]

因此，治理的基本特征是合作，是国家和社会的合作、政府与非政府的合作、公共机构和私人机构的合作、强制和自愿的合作。而且这种合作是建立在市场原则、公共利益和认同之上的，其权力向度是多元的、相互的。

通过对治理概念的梳理，笔者认为治理的特征至少包括如下几个方面：①治理的主体多元；②治理的权力来源多元，既有政府的统治权威，也有社会机构的专业权威、技术权威等；③治理方式多样，既有政府的强制，也有民主协商的合作；④治理目标一致，都是为了实现公共利益的最大化。

同时，我们也应该认识到治理不是万能的，治理可以弥补国家和市场在调控和协调过程中的某些不足，但治理也不是万能的包治百病的"灵丹妙药"，有效的治理必须建立在国家和市场的基础之上，它是对国家和市场手段的补充。正如鲍勃·杰索普所说："治理的要点在于：目标定于谈判和反思过程之中，要通过谈判和反思加以调整。就这个意义而言，治理的失败可以理解成是由于有关各方对原定目标是否仍然有效发生争议而未能重新界定目标所致。"[②]

二、教育治理的内涵

1996年，联合国教科文组织副总干事科林·N. 鲍尔曾指出："尽管教育并非解决所有社会弊端的灵丹妙药，但教育却常是我们战胜挑战取得平等持续发展的有效途径。"[③]国际21世纪教育委员会主席雅克·德洛尔曾指出："面对未来的种种挑战，教育看来是使人类朝着和平、自由和社会正义迈进的一张必不可少的王牌。"[④]因此，将教育纳入治理的议程，成为教育改革和

---

① 俞可平. 治理和善治引论. 马克思主义与现实，1999（5）：38.

② 鲍勃·杰索普. 治理的兴起及其失败的风险：以经济发展为例的论述. 国际社会科学杂志（中文版），1999（1）：31-48.

③ 联合国教科文组织国际教育发展委员会. 学会生存——教育世界的今天和明天. 华东师范大学比较教育研究所，译. 北京：教育科学出版社，1996，总序.

④ 联合国教科文组织. 教育——财富蕴藏其中. 联合国教科文组织总部中文科译. 北京：教育科学出版社，1996：1.

发展的主题。

（一）教育治理的定义

近年来，西方的一些教育文献中出现了教育治理（educational governance）概念，萨乔万尼（Sergiovanni）认为，“教育治理关注的是联邦机构、州教育厅和地方学区等政治单位所行使的权力和工作职能，并关注作为管理功能和管理职责的复杂的政治制度、法律体系及各种社会习俗”①。在其所著的《教育治理与管理》（*Educational Governance and Administration*）一书中，教育治理包含四章内容，分别是“作为一种政治组织的学校”“地方学区的政策制定”“联邦政府的影响”“州（政府）在教育中的新角色”。詹姆斯·W. 格里斯（Gthrie）等著的《教育管理与政策：美国学校的有效领导》中涉及了“美国学校的治理”，其中包含“学区的特征”“学校董事会”“地方学区管理者”“教育中介机构”。这反映出国外学者已经注意到学校与政府、社区等机构的有机联系，注重管理和治理的有机结合。

但目前大部分研究只是借鉴治理的理念，对教育治理还没有形成比较权威的定义。借鉴各研究对治理的理解，本书认为教育治理是在政府的主导下，理清学校和政府、社会的权责边界，使学校通过参与、对话、协商等多种形式，邀请多主体参与学校改进，充分提高学校依法自主办学的能力，目的在于不断激发学校的办学活力，最终形成以学生发展为本、服务于学校、积极回应内外环境变化、促进学校自主发展的教育生态。

（二）教育治理的主要特征

1. 治理主体的多元化

治理理论强调多元主体的多层治理，为打破公共产品、公共服务的政府垄断开启了新思路。可以说，政府对教育的治理是一次教育权力在政府、社会、市场、

① 姜美玲. 教育公共治理：内涵、特征与模式. 全球教育展望，2009（5）：41.

学校、公民之间更大范围的转移。通过教育分权，可以实现权力在不同主体之间的合理分配，加强同地区、学区和地方、学校，以及家长、学生之间的联系，建立起公私部门的伙伴关系和合作互动。

2. 治理结构的扁平化

教育公共治理结构的扁平化趋势主要体现在：一方面，中央政府把权力下放给地方政府、地方政府把权力下放给基层政府，让下级政府拥有更多权力；另一方面，教育公共决策的议题确定、方案讨论和决策实行参与式治理，让政府官员、专家学者、新闻媒体、企业、学校、志愿团体及广大公众等都享有充分的教育话语权，促进有效的公民参与，以提升政府的教育服务质量和增强教育决策的民主化。

3. 治理机制的协同化

教育治理首先集中在制度设计层面，需要一整套正式制度和非正式制度的协同。作为制度安排，教育公共治理主要体现为政府及其他组织权力分配关系、动力机制和利益结构，这是教育公共治理实践得以进行的基础。其中，最重要的权力关系包括事权与财权关系划分，公民参与和自主管理的权力空间，市场或公民参与教育公共事务管理的动力机制与利益结构，各种利益相关者进入教育政策过程的途径和方式等。

三、教育治理的模式

教育治理是对既往单一教育管理方式的反思和重建。多边性是治理的基本品质，治理视域下的教育改革将转向多边协同、协商共治方式。政府控制与市场竞争是当代社会各个领域的主流管理方式。尤其是在当代教育改革实践中，政府控制、市场竞争、学校自主三种经典性管理与发展范式的对立，导致在教育发展过程中产生了严重的失效现象与问题。立足于治理理念、思维与方法，改变政府、市场与学校三方对立式的思维，是当代教育改革的必然选择与必由之路。教育治理基于共同目标而重视参与、协商等机制的创新，以实现对教育的共治。“治理包括参与、谈判和协调。其中的关键词是：项目规划、伙伴关系、意见一致。”[①]通过多边共治途径实现政府统筹与设计、市场竞争与筛选、专家论证与咨询的融合与互补，是治理视域下教育改革方式的基本特点。

根据安斯加·威曼（Weymann）等的研究，目前国际上有三种教育治理模式：①共同分担型治理，即政府、国际组织或市场行为主体积极地参与教育部门（如高等教育部门）的教育政策制定（如教育标准的制定）或开展各种合作；②互补型治理，即各行为主体利用各自的优势参与不同教育领域的决策，如联合国教科文组织发起的承认高等教育学历文凭的地区公约；③冲突型治理，教育治理的不同领域不总是共同分担或互补的，有些情况下，教育决策领域也可能发生矛盾和冲突，特别是市场和政府间会发生矛盾和冲突。[②]

第二节　学校改进的核心要素

治理理念从根本上突破了传统政府管理的体制、机制，并从根本上改变了学校为什么改、怎么改、谁来改、为谁改等问题。治理要求学校改进要有新的思维、路径与方法，使学校改进从来没有像今天这样迫切需要体现整体性、协同性与可持续性。遵循治理的逻辑，本部分重点对影响学校改进的“价值”“规划”“文化”

① 俞可平. 治理与善治. 北京：社会科学文献出版社，2000：274.

② Weymann A，Martens K，Rusconi A，et al. International Organizations，Markets and the Nation State in Education Governance. *In* Martens K，Rusconi A，Leuze K. New Arenas of Education Governance：The Impact of International Organizations and Markets on Educational Policy Making. New York：Palgrave Macmillan，2007：229-242.

进行分析，以确保学校可以应对经济和社会发展过程中的复杂问题和各种挑战。

一、学校价值取向

所谓学校改进的价值基础，是指学校改进之策提出所依据的价值立场或主张。教育治理的价值基础主要有法治、自由、民主和公正四个方面，其对立面是人治、强制、集权和区隔（特权）。[①]这对于探讨学校改进的价值取向具有重要的启示意义。

在价值哲学中，价值取向指的是一定的主体基于自己的价值观在面对或处理各种矛盾、冲突和关系时所持的基本价值立场、价值态度以及所表现出来的基本价值倾向。美国心理学家 Rokeach 在其著作《人类价值的本质》（*The Nature of Human Values*）一书中将价值取向分为终极价值和工具价值两大类。终极价值反映了人们关于最终要达到的目标的信念，工具价值则反映了人们对实现最终目标手段的看法。[②]基于此价值取向的分类，我国学校改进的价值取向具体包括学校改进的终极价值和学校改进的工具价值。学校改进的终极价值解决培养什么人、为谁培养人的问题，也就是学校教育观问题；学校改进的工具价值解决如何培养人的问题。

学校作为培养人的专门机构，在改进过程中应遵循以下价值取向。

1. 专业性

中小学校办学具有不同于政府教育行政管理部门的专业属性，中小学的教育教学管理要为创新性人才培养服务，必须遵循教育发展规律，遵循学生身心成长规律，这就要求学校从校长到教师都必须从教育的专业视角来审视学校的管理和教学改革，探究有利于培养学生创新精神和实践能力的人才培养模式。因此，中小学校必须强化学校改进的专业地位，赋予学校改进的专业权力，进而避免政府

---

① 石中英. 教育治理的价值追求. 中国教育报，2015-04-30.

② 陈丽. 学校改进的特征与价值取向分析. 教育科学研究，2010（11）：5-8.

教育行政部门对学校改进进行过多的行政干预。此外，学校改进的专业性还体现在校长和教师是培养人的专业人员，专门在学校从事培养人的活动。教育部出台的《中小学校长专业标准》《小学教师专业标准（试行）》《中学教师专业标准（试行）》，就是从入职门槛上对校长和教师专业性的维护，进而印证了学校改进是一项区别于其他行业性质的专业活动。

2. 公共性

中小学校的公共性体现在学校不以营利为目的，是为了维护国家公共利益、为国家和社会培养人才的活动。鉴于义务教育对国家未来的重要性，我国的义务教育是国家必须保障的基本公共服务，中小学校进行自主管理时也必须时刻谨记办学的公共性和公益性，不能以任何方式开展营利性的办学活动，平等对待每一名学生，确保每一名学生的受教育权利，最终通过教育使每一名学生成人、成才。

3. 有效性

实施管办评分离，确保中小学校依法自主管理的宗旨就是提高办学的效益和活力，增强育人的效果。毕竟中小学校是专业性的育人机构，与政府教育行政部门的行政管理有很大区别。因此，本着管办评分离的治理理念，将中小学校办成面向社会自主管理的法人实体，有利于学校的发展和创新型人才的培养。

二、学校发展规划

学校发展规划（school development plan）能够引领学校发展方向，理清学校发展的思路和策略，其作为建立现代学校制度，提高学校治理水平的重要举措，日益受到学校的重视。我国颁布的《义务教育学校校长专业标准》中专门强调了校长的首要专业职责是制定学校发展规划。因此，制定一份好的学校发展规划对学校改进的过程意义重大。例如，哈格里夫斯（Hargereaves）和霍普金斯把学校发展规划理解为一个过程："学校发展规划是一个创造计划——反映学校未来愿景的表述——并确保它能够实现的过程，这个过程包括达成关于学校优先发展事项的明智安排之共识并采取行动实现这个计划。"[①]布伦特·戴维斯（Davies）和琳达·埃利森（Ellison）提出，"学校发展规划作为学校的一种自主发展活动，是在国家和地方政策的环境下，为了对学校的有效管理而提供的一种实际可操作的策略，并对学校活动所进行的评估和优先排序"[②]。

学校发展规划之所以对学校改进的作用很大，原因如下：首先，规划的制定过程就是了解学校历史、办学条件、办学经验，进而形成学校办学特色的过程。其次，规划的制定过程是师生共同凝聚学校发展愿景的过程。学校发展愿景是学校的办学定位和培养目标等的集中反映。例如，彼得·圣吉在《第五项修炼——学习型组织的艺术与实务》中指出，"共同愿景也是组织中人们所共同持有的意象或景象，它创造出众人是一体的感觉，并遍布到组织全面的活动，而使各种不同的活动融汇起来"，"如果没有一个拉力把人们拉向真正想要实现的目标，维持现状的力量将牢不可破。愿景建立一个高远的目标，以激发新的思考和行动方式"。[③]最后，规划的制定过程是系统谋划发展重点的过程。规划有长期规划和年度规划等的划分，长期规划如《国家中长期教育改革和发展规划纲要（2010—2020年）》，是对我国十年教育发展目标和任务的总体安排，再如《中国教育现代化2035》，是对我国未来实现教育现代化的总体思路、战略任务、实施路径和保障措施的系统谋划。短期规划如学校年度计划，明确学校一年的发展目标、具体安排和关注重点等，明确学校工作的方向，更高效地促进学校发展目标的达成。

可见，学校发展规划是学校改进的有效策略。但学校发展规划的重要性不在于拿出一份高质量的"文本"，关键在于实施。通过强调规划的执行，提升学校的教育质量。但笔者在调研中发现，由于建立现代学校制度的政策导向等的推动，学校普遍意识到了制定学校发展规划的必要性，学校发展规划的文本也作为评估学校建立现代学校制度的标配之一，如雨后春笋般被迅速制定出来。同时，其也

---

① Hargereaves D H，Hopkins D. The Empowered Schools：The Management and Practice of Development Planning. London：Cassel，1991：3.

② Davies B，Ellison L. School Development Planning. London：Longman Group UK Ltd，1992：7.

③ 彼得·圣吉. 第五项修炼——学习型组织的艺术与实务. 郭进隆，译. 上海：上海三联书店，1994：237-241.

暴露出一系列问题：首先，规划的制定更多地源于外在行政部门的强制要求，而非源自学校改进的内在动力，导致的直接后果是学校对规划的制定过程重视不够，或安排学校某人写作，或委托外面的某专家代为起草，总之，规划的制定过程变成了某个人的个人行为，而非学校集体智慧的结晶。其次，规划重在文本的呈现，而非贯彻落实。学校规划的作用主要用于满足迎评检查的需要，没有转化为指导学校教育教学工作的指南，这既与规划的制定不一定契合学校实际有关，又反映了学校，特别是校长对规划的重视程度不够。最后，有的规划之所以被束之高阁，是由于缺乏对规划实施过程的评估。

因此，要发挥学校发展规划对学校改进的指导作用，首先，要重视发展规划的制定过程。可采用 SWOT 分析，即分析学校的优势、劣势、机遇和挑战，了解学校的现状和存在的主要问题，同时对学校的师资情况、生源情况、社区资源情况等都要进行全面的分析，明确学校的优势和特色，在此基础上，规划学校未来的发展目标和实施方案。其次，要发动师生广泛参与学校规划的制定过程。制定规划需要群策群力，凝聚发展的共识，不是某几个人的事情，要经过行政认可、专家指导、师生代表参与，以提高规划制定的科学性、合理性和可操作性。最后，要加强对规划的执行情况的评估。区教育行政部门可委托督导部门开展学校发展规划的专项评估，并将评估结果纳入对学校及校长的年终考评，以不断增强规划执行的有效性。

三、学校文化

学校改进应关注学校文化的塑造。除行政手段外，学校改进更多强调各个主体之间的自愿、平等和合作。学校形成何种的改进文化，影响着学校改进的整体氛围和改进效果。因此，要关注文化对学校改进的重要作用和价值。

对文化一词，各不同学科领域有不同的理解：人类学认为文化是人们综合的精神，它决定了人们共同的价值观、信仰及行为取向；社会学认为文化是社会中大家共同遵守的一系列重要准则；心理学则认为文化决定了群体对环境做出的反应的同一性，它与个体个性的特殊化同时存在，并相互作用。[①]泰勒（Tylor）最早在《原始文化》中指出，“文化包括知识、信仰、艺术、道德、法律、风俗以及作为社会成员的人所具有的其他一切能力和习惯”[②]。张岱年和程宜山在《中国文化与文化论争》中认为，“文化是人类在处理人与世界关系中所采取的精神活动与实践活动的方式及其所创造出来的物质和精神成果的总和，是活动方式与活动成果的辩证统一”[③]。

学校文化这一概念最早是由美国社会学家华勒（Waller）提出的。1932 年，他在《教学社会学》（*The Sociology of Teaching*）一书中首次使用了“学校文化”（school culture）这一表述，认为学校文化是学校中形成的一种特别文化。这种文化一方面借不同年龄的儿童将成人文化变成简单形态或借儿童游戏团体保留成人文化；另一方面则由教师设计引导学生活动的文化形成。学校中的各种仪式是学校文化的组成部分。这成为一种权威的说法。而且，“把文化作为学校和学校管理的一个重要因素也越来越激发了人们的更大兴趣”[④]。

迪尔（Deal）等于 1999 年出版的《形成学校文化：领导的核心》（*Shaping School Culture：The Heart of Leadership*）一书认为，学校文化是一种学校成员共享的价值观、规范、信念。其中，价值观是指一个机构的良知，它定义着一切行为和决策以及人们所想所为的优与劣、好与坏；规范是对行为、衣着和语言的集体期待，只是没有明确地表达出来而已；信念是指我们理解以及应对身边世界的方法，是对真理和事实有意识的认知。[⑤]当学校领导者能够理解、反映并体现学校文化时，他们就能够积极强化学校文化。

范国睿在《学校管理的理论和实务》中将学校文化概括为：“学校长期的教育实践和与各种环境要素的互动过程中创造和积淀下来并为其成员认同和共同

---

① 操太圣，卢乃桂. 抗拒与合作：课程改革情境下的教师改变. 课程·教材·教法，2003（1）：71-75.

② 泰勒. 原始文化. 蔡江浓，编译. 杭州：浙江人民出版社，1988：1.

③ 张岱年，程宜山. 中国文化与文化论争. 北京：中国人民大学出版社，1990：2.

④ 转引自：托尼·布什. 当代西方教育管理模式. 强海燕，译. 南京：南京师范大学出版社，1998.

⑤ Deal T E，Peterson K D. Shaping School Culture：The Heart of Leadership. San Francisco：Jossey-Bass，1999.

遵循的信念、价值、假设、态度、期望、故事、轶事等价值观念体系，制度、程序、仪式、准则、纪律、气氛、教与学的行为方式等行为规范体系，以及学校布局、校园环境、校舍建设设施设备、符号、标志物等物质风貌体系。”①

文化对学校改进的功能主要体现在三个方面：①规范功能。学校文化是通过成文或不成文的形式，引导师生之间、部门之间关系的行为准则。例如，学校的“三风一训”就是学校成员在行为方式上表现出来的一种普遍的心理品质和心理特点，塑造的是一种独特的心理环境，是学校文化的典型的外化形式。②导向功能。学校文化强调通过文化墙等形式使学校成员潜移默化地接受学校传递的价值观和理想信念，自觉地把个人目标和组织目标结合起来，以形成师生共同的心理共鸣和行为特征。③教育功能。不论是学校的物质文化还是精神文化，都贯穿于师生学习生活的方方面面，使师生在无形中进行自我教育、自我管理和自我提升。

① 转引自：陈羿君等. 学校发展的理论与实务——以苏南地区中小学为例. 苏州：苏州大学出版社，2013：61.

第三章　学校改进的外部干预

第一节 学校改进的政府治理

教育治理只有在服务于教育目标和优先问题时才有意义。因此，学校教育需要标准或共同目标，需要行政、管理和评估。[①]离开了政府的有效参与，学校改进难以推动。政府对学校改进的参与，必须树立“治理”的思维，突破传统的“统治”的思维模式。因此，学校改进的政府治理主要体现为在教育治理的制度框架下，发挥政府的主导作用，实现学校和社会的沟通、协调和互动，最终实现学校改进目标的动态过程。政府主导作用的有效发挥需要从政府和学校关系的视角，明确政府在学校改进中的角色和职能，进而探索政府在学校改进中的治理路径。

一、学校改进中的政府角色

政府角色主要包括政府的“权力界限”“功能范围”“行为方式”等几个方面。[②]在履行教育职能的过程中，政府具有学校举办者、管理者及评估者的复合身份，容易导致政府角色在学校办学过程中出现混乱。政府的角色混乱主要表现在对学校改进的越位、错位与缺位三个方面。所谓越位，主要指政府权限范围内外的角色越位。政府有时以“全能者”的身份出现，过高估计自己的权力对教育领域各种事务的干预能力，任意扩大政府权力的行使边界，“管制”范围无所不包，无

① 让-米歇尔·布朗盖. 未来的学校——基础教育改革新建议. 刘敏，张自然，译. 北京：教育科学出版社，2018：111.

② 颜丙峰，宋晓慧. 教育中介组织的理论与实践. 上海：上海人民出版社，2006：269-270.

隙不入，管了许多“不该管”“管不好”“管不了”的事。[①]所谓错位，主要指政府多重角色与分化角色的错位。政府这种多重角色的混乱容易导致政校不分的办学局面。所谓缺位，主要指政府的主要角色和次要角色的缺位。按照现代政府治理的改革目标，政府的主要角色应侧重于宏观调控，抓学校的办学方向等大政方针；应该是“掌舵”而不是“划桨”；应该是办“教育”而不是办“学校”；应该是当好“裁判”而不是直接下场“踢球”。[②]

因此，首先，从国家政策法规上明确政府对学校办学应该承担的责任和中小学享有的办学权力是政府实施有效学校改进的前提。义务教育作为国家必须保障的基本公共服务，《中华人民共和国教育法》《中华人民共和国义务教育法》作为我国实施义务教育的根本大法，其中都明确规定了我国义务教育实行以县级人民政府为主管理的体制。同时，这两部法律对县级教育行政部门管理教育的职能和中小学校自主管理的权利进行了明确规定（表 3-1）。

表 3-1 《中华人民共和国教育法》《中华人民共和国义务教育法》中政府责任和中小学权利的职责划分

项目	政府责任	中小学校权力	
《中华人民共和国教育法》	制定规划	按照章程自主管理	奖励处分权
	保障经费	组织实施教育教学活动	颁发相应证书
	推进信息化	招收学生	聘任教师及奖励或处分
	教科书和教学用书	学籍管理	管理、使用设施和经费
		取得法人资格	民主管理和监督
《中华人民共和国义务教育法》	制定、调整学校设置规划	保证教育教学质量	
	保障工资	按规定收费并公开	
	发展教师教育	安全教育	
	组织教师培训、流动，均衡师资	保证学生的课外活动时间	
	加强薄弱学校建设	重视德育	

① 魏志春. 新阶段政府教育管理职能应如何转变. 人民教育，2009，(23)：6-9.

② 颜丙峰，宋晓慧. 教育中介组织的理论与实践. 上海：上海人民出版社，2006：269-270.

续表

项目	政府责任	中小学校权力	
《中华人民共和国义务教育法》	鼓励毕业生去农村从教		
	确定教学制度、教学内容和课程设置		
	保障经费，确保学校运转		
	对困难学生进行资助		
	聘任校长		
	校舍安全		

我们通过对《中华人民共和国教育法》《中华人民共和国义务教育法》中对政府教育职能和学校办学权力的分析，可以进一步看出，学校设置和规划、教师招聘和流动、经费保障等都属于县级教育行政部门的管理职责，这些职能侧重保障学校办学的人、财、物等方面的宏观管理，而不涉及学校内部的微观管理。从这两部法律对学校权力的界定也可以进一步看出，学校自主管理主要是通过制定学校章程围绕教学开展的管理，学校办学的权力也主要是指教学管理等方面的权利。

因此，从国家法律的角度出发，可以看出学校自主管理的法律内涵主要呈现出以下几方面的特征：①以学校教学等方面的管理为核心。学校是育人的专业机构，学校应按照国家课程设置要求确定学校的课程体系，履行党的教育方针和国家确定的各项职责要求，行使培养德智体美劳全面发展的社会主义建设者和接班人的专业权力。②承担人、财、物使用的权利而非提供的权力。学校作为隶属于教育行政部门的事业单位，虽然是社会上的独立法人，但作为事业单位法人，学校和一般企业法人还是有着根本的区别，政府及教育行政部门承担本区域教育资源的统筹配置，通过项目招标、平台建设、教师交流轮岗、名师工作室等调配区域内学校间的教育资源，实现义务教育均衡发展，学校在政府及教育行政部门的直接领导下，实施对学校的教育教学、教师队伍建设、学生发展等方面的科学有效的领导和管理，实现育人的教育目标。③对教育行政部门负责。由于学校对政府的隶属关系，学校必须对本级教育行政部门负责，本级教育行政部门通过行政管理、督导和评估等手段实施对学校的领导和监督，确保学校依法依规履行其育人的职责和使命。

二、学校改进中的政府职能

世界银行在1997年的《世界发展报告》中把国家职能分成最小、中等和最大三个等级。[①]根据此理论，我们也可以将政府的教育职能划分为“最基本”的职能、“应强化”的职能、“不该管”的职能三类。政府的最小和中等职能就是“最基本”的职能，包括对教育的宏观调控，规制学校管理制度，制定学校设置标准和质量标准，制定教育发展规划并保证财政投入，组织对学校的教育质量进行督导、评估和检测。政府作为公共利益的维护者，必须履行公共责任，在教育政策和法规的制定与执行、社会责任、教育公平担当、教育管办评分离的顶层设计、政策供给等方面的职能应逐步加强。与此同时，政府应主动放弃那些不该管、管不好、管不了的职能，坚决将属于学校自主权内的职能下放。[②]

从宏观角度看，政府在社会建设中的教育职能包括建立公共教育政策体系、公共教育财政体制、公共教育治理结构和公共教育服务体系，其中公共教育治理结构以政事分开、政校分开为核心。[③]在这一过程中，政府的主要教育管理职能体现在顶层设计和资源分配上。总之，强调政府的宏观管理职能，在教育服务中政府的生产者与供给者的角色可以相分离，这为政府委托管理、购买服务提供了基础，也为教育实现“管办评分离”提供了可能。[④]

具体而言，学校改进中政府的职能主要体现在：①经费保障职能。义务教育学校是政府全力保障的公共产品，保障义务教育学校的经费投入是政府的法定职责，1993年颁布的《中国教育改革和发展纲要》中就提到，逐步提高国家财政性

---

① 杨再平. 重新思考政府：一个世界性的课题——评世界银行1997年世界发展报告《变革世界中的政府》. 国际经济评论，1998（1-2）：60-62.

② 史华楠，沈娟娟. 政府“元治理”角色的职能定位与实现路径——基于教育管办评分离改革视角. 教育发展研究，2016（9）：31-38.

③ 阮成武. 论社会建设中的政府教育职能. 中国教育学刊，2009（3）：1-3.

④ 潘希武. 政府在教育治理中扮演的两个角色. 比较教育研究，2006（11）：5-9.

教育经费支出占国民生产总值的比例，到 20 世纪末达到 4%[①]，为此，国家持续加大对义务教育的投入力度，以 2019 年为例，当年全国教育经费总投入为 50 175 亿元，比上年增长 8.74%。[②]按照 2019 年公布的国民生产总值推算，我国财政性教育经费支出占国民生产总值的比例为 5.06%[③]，进而确保我国教育经费投入一直处于国家重点保障的较高水平，政府切实履行了教育投入的责任。②政府宏观统筹。现代教育治理要求政府从教育的微观管理转变为教育的宏观管理，综合运用经费、信息、法律等手段，统筹配置义务教育资源。例如，2010 年出台《国家中长期教育改革和发展规划纲要（2010—2020 年）》后，国家将推进县域内义务教育均衡发展作为之后十年的战略任务，加强对县域内经费、教师等资源的统筹和调配力度，向农村倾斜，以及补齐农村教育短板，成为地方政府统筹教育的重要职责。截至 2019 年，全国累计有 2767 个县通过县域义务教育基本均衡的国家评估认定，占比达 95.32%[④]，提前完成了《国务院关于深入推进义务教育均衡发展的意见》中规定的到 2020 年实现基本均衡的县（市、区）比例达到 95%的目标任务。这也印证了政府统筹管理教育的职能切实得到了落实。③政府教育监管与评估。我国要实现教育治理的现代化，必须转变政府管理的教育职能，强化教育的监督和评估。自《教育督导条例》于 2012 年颁布以来，我国通过建立集督政、督学、评估监测于一体的国家教育督导体系，保障我国政府的教育监督和评估走上了法治化的轨道。2020 年，中共中央办公厅、国务院办公厅颁布《关于深化新时代教育督导体制机制改革的意见》，进一步深化了新时代教育督导体制机制改革，重点通过完善教育督导机构的设置、确保教育督导相对独立行使职责、加强督学队伍的专业化、增强教育督导的问责力度等措施，不断推动教育督导“长牙齿”，提高教育督导的专业性和权威性，进而确保其全面落实政府教育监督职

---

① 教育部.《教育规划纲要》解读：教育经费何时达到 4%?（2015-06-20）. http://old.moe.gov.cn//publicfiles/business/htmlfiles/moe/s4582/201010/109445.html.

② 中国中央电视台. 教育部：去年全国教育经费总投入 50175 亿 同比增 8. 74%.（2020-06-12）. http://news.cctv.com/2020/06/12/ARTIqnqeZMxkxG7OYn6hIQIf200612.shtml.

③ 新华网. 教育部 国家统计局 财政部关于 2019 年全国教育经费执行情况统计公告.（2020-11-04）. http://education.news.cn/2020-11/04/c_1210871807.htm.

④ 教育部. 2019 年全国义务教育均衡发展督导评估工作报告.（2020-05-19）. http://www.moe.gov.cn/fbh/live/2020/51997/sfcl/202005/t20200519_456057.html.

能，确保国家教育法律和政策法规等的制度要求落到实处。

三、政府教育治理路径

1. 理清政府、学校的职责分工

顶层设计和制度供给是政府责任的首要表现，政府成为教育管办评分离改革的核心。面对教育管办评分离，政府的职责不仅是培育教育市场和引导社会参与，首先应是厘清政府的管理权、学校的办学权和社会的评价权的边界，通过体制机制创新重新调整政府、学校、社会三者的关系，构建管、办、评三方既独立又合作的教育治理体系。作为教育管办评分离的导向者和体制机制的设计者，政府需要明确自己的职责定位和治理目标，管好应该负责的教育改革和发展事务，主要是制定并完善涉及学校办学的各项标准，包括义务教育学校办学标准、学校管理标准、学生评价标准等管理标准，中小学校办学条件标准、经费投入标准、学生资助标准等投入标准，师资配置标准、教育督导评估标准等保障标准，确保学校依法规范办学。扩大和落实学校的办学自主权，主要是赋予校长依法自主管理学校的权力，包括经费使用权、人事权等，同时通过督导评估做好对学校办学的指导和监督。培育和扶持教育专业机构和第三部门发展，引导学校建立新型的现代学校制度，不断完善教育治理体系。

2. 优化管理方式

要减少行政权力的干预，关键在于简政放权。政府管理方式要从微观管理走向宏观管理，由直接管理走向间接管理，由办教育向管教育转变，由管理向服务转变。减少行政审批是转变职能的突破口，要进一步减少行政审批，进一步加强宏观调控，加强事中和事后监管，更好地履行统筹规划、政策引导、监督管理的职责，更好地为教育消费者提供均等的基本公共服务和平等的非基本公共服务选择机会，更好地为教育供给者提供公平的竞争环境和良好的发展环境，建立健全公共教育服务体系，维护教育公平和教育秩序。[1]同时，需要进一步推进政府放管服改革，政府教育行政部门通过制定权力清单和责任清单，实施对学校的宏观管理，通过购买服务等方式搭建各种服务平台，学校依法规范管理，鼓励家长和社会参与到学校教育教学的全过程，共同营造良好的教育氛围。

3. 强化教育执法和监督

政府应回归教育行政管理的本位，从教育服务的直接提供者转变为教育的执法者和监督者。在明确角色、理清职责的基础上，通过法律、经费、信息等多种手段，实施教育的宏观管理，减少对学校办学的直接干预。但放权不等于任其发展，政府要切实保障好国家和社会的公共利益，维护良好的教育秩序，履行好监督管理的基本职责。因此，要探索在教育领域建立权责清晰、分工合作的执法工作机制，特别是要探索完善教育督导和教育行政联合执法机制，提升教育行政执法和监督的效率。例如，有的地方建立了政府各部门 110 联动机制，强化部门联合执法，构建横向衔接、纵向贯通的教育行政执法体系。同时，也可以通过向当地法院申请强制执行等手段履行监管职责。[2]特别是 2020 年 2 月中共中央办公厅、国务院办公厅印发了《关于深化新时代教育督导体制机制改革到意见》，明确提出到 2022 年，基本建成全面覆盖、运作高效、结果权威、问责有力的中国特色社会主义教育督导体制机制。可见，我国是在通过强化政府教育督导和问责机制，督促地方各级人民政府科学履行教育职责。

四、政府教育治理的实践

（一）政府治理的上海经验

在“管办评分离”中，政府居于“枢纽”地位，牵一发而动全身。政府管理

① 范国睿. 教育管办评分离改革：理论假设与实践路径. 教育科学研究，2017（5）：5-21.
② 杨志刚. 基础教育管办评分离的实践探索与理论分析. 中国教育学刊，2014（7）：7-9，18.

方式改革和创新的关键在于推进依法行政，形成政事分开、权责明确、统筹协调、规范有序的教育管理体制，逐步实现由微观管理、直接管理为主向宏观管理、间接管理与服务为主的转变。在这方面，上海的主要经验有：①在依法行政上，抓清单化、促规范化。市、区两级教育行政部门对本单位的行政权力事项进行了全面梳理，启动探索权力清单和责任清单相结合的管理模式；全面推进行政审批标准化建设。②在管理方式上，重规划引领、改革财政投入制度。其通过编制上海高等教育布局结构与发展规划、现代职业教育体系规划、学科发展与优化布局规划三大规划引领教育发展；通过改革市级财政高等教育投入机制，形成以经常性经费投入为主的高校投入机制，提高高校经费使用的自主权。③在政府购买服务上，总结经验、扩大范围。上海率先在浦东新区探索基础教育阶段学校委托管理、购买学额等的基础上，近年来逐步扩大政府购买教育的服务范围，涵盖专业教育评估、社会组织专业培训以及针对重度残疾或智障儿童的特殊服务等，有力推动了各类社会组织的培育和发展。

推行管办评分离改革的核心是重塑教育管理制度。在重塑教育管理制度的过程中，政府必须实现三个转变：①从控制向服务的转变。控制旨在实现自身利益的最大化，而在治理结构中，各方主体形成一个利益共同体，以成员的共同利益作为宗旨，以提供服务作为行动的主要方式。②从规制向协调的转变。规制是微观领域政府干预的基本手段，逐渐放松规制、以协调取代结构规制和行为规制是现代政府改革的主流方向。③从法制到回应的转变。回应性是治理的核心要义，也是现代责任政府的基本要求。政府不仅需要对公众和社会的意见表达做出迅速反应，同时还必须对政策的合法性和有效性做出及时反馈。教育治理体系和治理能力现代化包括教育治理主体的现代化、教育治理理念的现代化以及教育治理机制的现代化，其中，无论是主体、理念还是机制的现代化，都与政府密切相关。因此，在管办评分离改革中，政府本身的现代化是关键因素。

政府现代化是指政府调整自身的职能范围，以更好地适应社会发展和服务公众的需求。因此，政府管理职能转变，一方面要理顺关系、下放权力，由偏微观管理向宏观把握转变；另一方面，要转变方式、加强监管，要善于“运用综合政策工具（如法律、规划、经费、标准、监测、评价、督导）进行引导和问责”①。

（二）政府教育治理的青岛经验

《国家中长期改革和发展规划纲要（2010—2020年）》颁布与实施后，特别是自2015年10月被确定为全国教育管办评分离改革试点单位以来，青岛市将教育管办评分离作为教育管理体制改革的重点，初步构建起政府依法管理、学校依法自主办学、社会各界依法参与和监督的教育治理新格局。

要建立管办评分离的教育治理体系，政府管理职能和方式的改变是基础和前提，核心和关键是实现教育治理的法治化。必须把教育立法工作摆到更加突出的位置，特别是要通过立法科学界定政府、学校、社会在教育事业发展方面的权利和义务，实现治理权责关系的明晰化、法治化，提升教育治理效能，激发教育活力。为解决这一难题，填补学校主体立法的空白，青岛市以政府规章的形式制定《青岛市中小学校管理办法》，该办法已于2017年3月20日正式实施。至此，青岛市地方性教育法规达到7部，涵盖学前教育、职业教育、民办教育、教师、中小学校规划建设、教育督导等领域。该办法在以下几方面取得了突破。

（1）规范了学校办学自主权。该办法规定：中小学校实行校长负责制，校长全面负责学校的教育教学和行政管理工作。中小学校在核定的内设机构数量、职数、岗位总量和结构比例内，自主设置内设机构，按照规定选任机构负责人，开展教职工岗位设置、竞聘上岗和岗位聘用工作。中小学校有权依法选聘教职工，按照规定实施教职工培养培训、考核奖惩和绩效工资分配。中小学校可以在核准的进人计划内，自主招聘紧缺专业和高层次人才。中小学校招聘教师时，可以在笔试前先行对报考人员进行面试筛选，等等。同时，该办法

① 吴能武.“管办评”分离改革的“上海经验”. 人民教育，2016（8）：72-74.

还明确了学校在课程实施、招生、教师选聘、经费管理等方面的职责和有关权限运行的基本原则。

（2）实施清单管理，推动学校自主办学。推进教育管办评分离，学校是主体，重点要落实和扩大学校的自主权限，规范学校管理权限运行，推动学校依法自主办学。重点抓好副校长聘任、内部机构设置和中层干部聘任、财政性经费预算管理、招生和校企合作等于 2014 年下放的四大方面的 14 项管理权限试点情况的阶段性评估。目前，各项自主权限基本在直属学校得到落实，各区结合各自实际，对课时调整、教师选聘等相关权限进行了下放。青岛市积极推动教师招聘权全部交由教育行政部门组织实施工作；清理、归并专项资金项目，提高中小学校生均拨款标准，扩大学校的经费管理权限，进一步提高学校在货物、工程、服务等领域的自主采购额度。

（3）推动督导评估规范化。首先，着力规范对区市和学校的评估行为，由政府督导部门统筹安排，对每年拟评估的检查项目实施清单管理，优化整合各类检查考核评估项目，本着“非必须不检查”的原则，未列入清单的一律不得开展检查评估，切实降低区市和学校的负担。其次，着力增强督导评估的实效，建立政府有关部门履行教育工作职责考核制度、区市教育重点工作定期公示制度以及中小学校责任督学挂牌督导制度和督学责任区制度，督促区市政府和有关部门履行好教育职责，推动学校深入实施素质教育，提升内涵发展水平。

（4）推动教育执法常态化。首先，探索执法机制创新，成立审批执法处，建立教育、公安、工商、民政等 12 部门联席会议制度，确立区市教育执法改革试点，初步构建教育内部综合执法、部门协动执法和市、区联合执法模式。其次，探索行政执法工作制度，成立案件审理委员会，建立重大行政处罚决定集体决策机制，设立教育违法行为社会监督员，开展教育系统诚信体系建设，编制行政执法工作规程、执法工作手册等工作规范，构建教育行政执法的制度体系，确保教育执法科学、有效。仅 2016 年就开展三十余场现场执法。[①]

---

① 青岛政务网. 2016 年度法治政府建设情况报告.（2017-03-27）. http://www.qingdao.gov.cn/n172/n24624151/n24625415/n24625429/n24625443/170425152946261813.html.

第二节 学校改进的社会参与

学校改进不仅是政府的责任，也是社会的责任。国家教育治理应是在社会上进行广泛协商和在全国取得共识的结果。教育要实现良好治理，需要政府和社会建立多样的合作伙伴关系。

党的十八届三中全会提出“推进国家治理体系和治理能力现代化”。实现教育治理体系和治理能力现代化，是国家治理体系和治理能力现代化的重要组成部分，其目标是形成社会有序参与、各方合力推进的教育治理格局。教育治理从宏观上需要理顺政府、学校、社会的关系，推动政府、学校、社会组织、社区、家庭等多主体的协同治理。在 2018 年召开的全国教育大会上，习近平总书记明确提出，“办好教育事业，家庭、学校、政府、社会都有责任”[①]。全社会要担负起青少年成长成才的责任。同时，教育是社会的公共产品，具有公益属性，社会参与教育治理的同时，不能损害教育的公益属性，因此，社会参与的形式、类型、程度等都需要在国家的规范下、在实践中不断探索，走出一条有中国特色的社会参与教育治理的路径。

一、社会参与学校改进的政策分析

社会参与教育治理是建立现代学校制度的必然要求。中共中央、国务院颁布

① 光明日报评论员：共同努力办好教育事业——四论学习贯彻习近平总书记全国教育大会重要讲话精神.（2020-12-20）http://theory.people.com.cn/n1/2018/0916/c40531-30295824.html.

的《国家中长期教育改革和发展规划纲要（2010—2020年）》明确提出，适应中国国情和时代要求，建设依法办学、自主管理、民主监督、社会参与的现代学校制度，构建政府、学校、社会之间新型关系。该纲要指出了现代学校制度的四个重要特点——依法办学、自主管理、民主监督和社会参与，以及现代学校制度的三个治理主体——政府、学校和社会。该纲要体现了社会作为现代学校制度治理主体的重要性，突出了社会参与在现代学校制度建设中的重要性。

重视社会参与是构建教育治理体系的重要途径。在现代教育治理中，必须让家长、社区、非营利组织、其他公民个人等各种社会力量参与进来，社会参与对于公共教育服务的有效供给和公平保障以及提高政府教育管理的有效性具有重要作用。但由于我国长期实行计划经济体制，社会力量的参与积极性低。政府从宏观的教育方针政策制定，到微观的教师招聘、教学评估，实行全方位管理，政府对学校的控制权力大，学校依赖政府，缺乏办学的自主性。同时，社会参与形式单一，常见的是家长以家长委员会的形式参与学校管理，难以形成影响力，没有对学校的监督和决策起到重要的作用。要构建教育治理体系，必须提高社会各主体社会参与的意识和能力。

重视社会参与是转变政府职能，推进管办评分离改革的现实需要。根据党的十八届三中全会精神，《教育部关于2013年深化教育领域综合改革的意见》中提出，要凝聚改革共识，更加注重各级各类教育的相互联系及教育各要素的相互影响，更加注重上下左右各部门的相互配合和改革政策措施的相互促进，更加注重理论创新、制度创新和机制创新的有机衔接，更加注重社会各方参与，形成合力，顺利推进改革。政府和教育行政部门开始意识到社会组织在教育发展和学校变革中的重要性，并以一种新的视野和格局正视这一力量。2015年，《教育部关于深入推进教育管办评分离 促进政府职能转变的若干意见》提出，要建立健全政府、学校、专业机构和社会组织等多元参与的教育评价体系。到2020年基本形成政府依法管理、学校依法自主办学、社会各界依法参与和监督的教育公共治理新格局。2016年8月21日，中共中央办公厅、国务院办公厅印发了《关于改革社会组织管理制度促进社会组织健康有序发展的意见》，强调从制度层面进一步规范社会组织的发展和培育，建立政社分开、权责明确、依法自治的社会组织制度，到2020年形成统一登记、各司其职、协调配合、分级负责、依法监管的中国特色社会组织管理体制。社会组织将是教育公共治理中的一股重要力量，它们的加入将为教育带来巨大动力和活力。

社会参与是满足多样化教育需求的有效渠道。公共教育服务供给要正视学生、家长及其他民众的多样化教育服务需求，在承认广大民众多样化需求的基础上，为其提供多样化的、适合的公共教育服务。而社会参与可以及时、有效地利用民间的资源和力量，灵活、迅速、多样性地供给公共教育服务，弥补由于政府失灵和市场失灵所导致的公共教育服务供给缺口。[①]这就需要政府拥有一套能够促使社会性力量对组织机构决策施加影响的制度和技术，拓宽其对公共教育服务需求的表达渠道，协同实现对教育的有效治理。

二、社会参与学校改进的机制和实践

伴随“全球性结社革命”的兴起和社会治理方式的变化，政府与非营利组织在教育治理中的合作已经成为一种发展趋势，合作的模式和方式也日益呈现出多样化的趋势。本杰明·吉德伦（Gidron）、克莱默·拉尔夫（Ralph）和萨拉蒙（Salamon）等学者提出了具有代表性的关系模式。[②]

他们认为，所有的福利服务，包括公共教育服务在内，都涉及两个关键要素，即服务的资金筹集和授权以及服务的实际配送。以这两个核心要素为变量，可以将政府与非营利组织的合作分为四种模式：①政府主导模式。政府在资金筹措和服务配送中占据着支配性地位，政府既是主要的财政提供者，又是福利服务的主要提供者。②非营利组织主导模式。非营利组织在资金筹措和服务配送中起着支配性的作用，享有足够的自主性，与政府保持着较远的距离，可以自主创新服务模式。③双元模式。它是处于政府支配模式和非营利组织支配模式之间的一种模

---

① 蒲蕊. 论教育治理中的社会参与. 中国教育学刊，2015（7）：26-31.

② Gidron B，Kramer R K，Salamon L M. Government and the Third Sector：Emerging Relationship in Welfare States. San Francisco：Jossery-Bass，1992：18.

式，政府与非营利组织各自提供公共服务，二者没有经费上的交叉，而是处于平行竞争的范围。④合作模式。它是指政府和非营利组织共同开展公共服务，但它们不是分离地工作，而是相互合作。

借鉴上述学者提出的政府和社会组织合作的关系模式，本书认为社会参与教育的机制大体可以分为政府/学校主导型（公办学校购买社会服务）、市场主导型（培训机构）、社会组织主导型（小微学校、民办教育）、合作主导型（管理合作：家校、社区、家长委员会办学合作）四种。

（一）政府/学校主导型

1. 管理改革取向：引入公众对学校办学的参与、监督和评价

这是建立现代学校制度的本质要求。重庆市綦江区总结自身发展经验，探索形成了“三个自治”的新型教育治理体系，尤其是在社会参与教育治理领域做出了重要探索。綦江区教育委员会在总结古南、文龙、三角三个学区开展学区自治试点工作的基础上，在全区内推行学区自治工作。学区自治委员会成员由辖区内各街镇的领导干部、区（镇）人大代表与政协委员、当地社会知名人士、教师、家长、学生6类群体选出代表7～9人组成。针对边远农村学校，学区自治委员会还依托所在村居两委，设立自治小组，让教育治理辐射“神经末梢”，实现全覆盖。学区自治委员会定期或不定期地到辖区内学校调研，听取工作汇报，了解教育教学情况；通过座谈会、实地调查、电话调查、问卷调查等方式，监督学校依法办学、学生行为规范情况，收集师生、家长、社区群众对学校的建议与意见，了解群众对学校的满意度情况，形成书面材料反馈给学校，并督促学校整改。同时，向区教育委员会报告，在区域范围内公开，区教育委员会将评价结果运用于学校考核。学区自治委员会协调社会各界对贫困学生、留守儿童进行捐资助。从2015年起，举办“綦江好教师”评选表彰活动，各学区自治委员会利用自身的优势，在全社会广泛宣传“綦江好老师”先进事迹，协调各街镇对优秀教师进行表彰，三角、石壕、扶欢等镇设立教育奖励基金。各学区自治委员会在区内各小区、街镇广泛聘请教育行风监督员，定时咨询群众意见，及时回应教育热点，群众对

教育的满意度明显提升，綦江区教育委员会连续四年在群众满意度调查和目标绩效考核中名列区级部门前茅。

上海市虹口区以建立现代学校制度为宗旨，区域整体推进家校合作。例如，修订学校章程，对家校合作做出具体规定，并在学校制度体系建设中确保家校合作的有效开展；探索建立家长委员会章程，保障家长委员会的相关活动有法可依。同时，在公办学校试点探索法人治理结构，建立公办学校理事会，成员由社会贤达、教育专家、社区代表、教师代表、家长代表等各方人士组成，把“全社会都来关心教育”这一要求落到实处。

四川省新津县构建了学校外部监督新机制。新津县中小学通过家长委员会、职业学校监事会、督学等途径探索构建外部监督新机制。首先，成立家长委员会，家长委员会分校级、年级、班级三级，学校依托校园手机应用平台、问卷调查等方式，搭建学校、家庭沟通、互助桥梁，深化家长对学校规划发展、日常管理、学生学习等方面的了解，提高对学校发展的认可度。其次，建立校务公开公示制度。通过校务公开栏、学校大会等，将学校相关工作情况、涉及学生切身利益的事项进行公开公示，主动接受教师、学生、家长、社会和主管部门的监督。最后，进行外部专家评估。引进第三方机构对学校教学质量做出评估，邀请教育专家和县研培中心专家对课堂课程、课题研究、学生发展等进行诊断和指导，不断提高学校办学质量。增强所在社区对学校的所有感、参与感和归属感，是新津县学校法人治理结构改革的重要内容。①建立健全社会参与机构，除了学校校长办公会、职高监事会里社区代表、政府代表、家长代表等校外成员以外，学校还专门成立了家长委员会等校外人员专门机构，使其参与学校决策和管理。②用好现代信息交流技术，拓展社会参与渠道。新津县中小学普遍利用成都市教育校园手机应用平台，以班级为单位建立班主任和家长互动平台，让家长及时了解孩子在校学习情况、学校教育教学改革动态等信息。此外还建立班级 QQ 群，召开面对面家长会，增强家校互动，丰富社会参与内容。

浙江省宁波市海曙区推行了“教育议事会”制度。“教育议事会”是指在不更改学校办学的所有制、不过度干预校长的办学自主权的前提下，对学校办学重大事务进行咨询和审议的外部监督组织，是学校与家长、社区建立长期密切联系、协调与合作的平台。“教育议事会”主要由教育专家、家长、教师、社区干部组成，有 15～40 人，其中家长占 50%～55%，教育专家和社区干部占 20%～25%，教师和学校领导占 20%～25%，设主席、秘书长，以及提案部、调研室、联络部。“教育议事会”对学校的功能包括五个机制：参与机制、合作机制、竞争机制、制衡机制、法治机制。2011 年，海曙区共有 18 所学校成立了不同类型的“教育议事会”。其在协调家校之间的冲突事件、促进学校改善学校管理、审议学校规划和学期工作计划、举行家庭教育系列沙龙、指导家庭教育、策划组织学生军训活动等方面发挥了积极作用。

2. 购买服务取向：3∶30 课程

2017 年 2 月，《教育部办公厅关于做好中小学生课后服务工作的指导意见》印发，要求各地教育行政部门要统筹规划各类资源和需求，努力形成课后服务工作合力；通过“政府购买服务”“财政补贴”等方式对参与课后服务的学校、单位和教师给予适当补助，严禁以课后服务名义乱收费。

事实上，很多地方也一直在进行这方面的探索，比如，南京的“弹性离校”、北京的“课后一小时”、上海的“校后服务”等都是比较好的探索模式。

北京推行了“课后一小时”服务政策：放学后学校为学生提供体育、文艺、科普等内容，不得上文化课，每周时间不少于 3 天，每天不少于 1 个小时。西城区每所学校都成为一所“少年宫”，学生放学后在校内就能参加艺术、科技、体育、中华优秀传统文化和社会实践等方面的活动。朝阳区让孩子放学可到社区参加课外活动，社区青少年教育培训中心举办了各种富有特色的兴趣班，形成了包括道德素养、人文素养、科学素养、实践能力 4 种素质能力提升的课程模块。

（二）市场主导型

市场主导型主要体现为校外培训机构的发展。我国教育辅导行业萌芽于 20 世纪 80 年代。20 世纪 90 年代至今，行业发展进入快速增长阶段，随着市场经济的深入推进和互联网经济的发展，培训市场的规模快速增长。截至 2016 年，在工商、劳动等行政部门登记注册的培训机构超过 10 万家，培训机构总数约为 20 万家。[①]中小学辅导的市场规模超过 8000 亿元，上课外辅导的学生达 1.37 亿人次，参与辅导机构的教师有 700 万～850 万人。[②]

经过二三十年的发展，参加课外辅导的学生人数越来越多，每年还在增长。以 2014 年为例，我国参加课外辅导的学生约占全体在校学生总数的 36.7%，在北京、上海、广州、深圳等大城市更是高达 70%。[③]

课外培训与学校教育相伴而生，它的健康发展是学校教育的有益补充，可以弥补学校教育的不足，也可以发展学生的兴趣和特长，促进学生的全面发展。但培训市场的现实是，为了迎合家长和社会的应试需求，培训过多地聚焦应对考试等知识方面的教学，既扰乱了学校正常的教学秩序，又加重了家长和学生的负担。正如著名教育家顾明远先生所说："校外培训机构确有存在的必要，但也要加以整顿。教育培训机构应该是学校教育的补充，不应是教育竞争的推手。教育培训机构也应推进素质教育，不应把学生培养成考试机器。"[④]

规范校外培训机构已被政府提上议事日程。2017 年 8 月 24 日，《国务院关于进一步扩大和升级信息消费持续释放内需潜力的指导意见》印发。该意见指出，要壮大在线教育，建设课程教学与应用服务有机结合的优质在线开放课程和资源库。2017 年 10 月，中共中央办公厅、国务院办公厅印发的《关于深化教育体制机制改革的意见》中提出了规范教育培训机构的要求：规范校外教育培训机构，严格办学资质审查，规范培训范围和内容；营造健康的教育生态，大力宣传普及适合的教育才是最好的教育、全面发展、人人皆可成才、终身学习等科学教育理念。这些表明校外培训机构已成为构建健康教育生态的重要组成部分，是深化教育体制改革，加强教育治理的重要内容。

2018 年 2 月，《教育部办公厅等四部门关于切实减轻中小学生课外负担开展

① 腾跃社区学邦智库. K12 市场结构. 2016.

② 搜狐网. 今年全国中小学辅导机构市场规模超八千亿元.（2016-12-29）. https://www.sohu.com/a/122951412_444611.

③ 赵婀娜. 2016 年我国中小学辅导机构市场规模超 8000 亿元.（2016-12-29）. http://edu.people.com.cn/n1/2016/1229/c1053-28984610.html.

④ 顾明远. 不能任由培训机构"绑架"学校. 教育家，2017（6）：1.

校外培训机构专项治理行动的通知》印发，这也被称为史上最严的校外培训市场整顿政策。2018 年 8 月 6 日,《国务院办公厅关于规范校外培训机构发展的意见》发布，对培训机构进行分类管理，对培训的师资、收费、时间、招生、监管等进行了具体的规定，这有利于整顿培训市场的种种乱象，建立校外培训机构规范发展的长效机制，营造培训机构健康发展的良好生态。

（三）社会组织主导型

社会组织主导型以近年出现的“小微学校”的兴起和发展为代表。随着教育体制改革的深入推进，教育朝着多元和创新的方向发展。类似于美国 20 世纪 90 年代出现的“特许学校”和 2011 年英国出现的第一批“自由学校”，我国一批“创新小微学校”应运而生，成为推动社会参与教育治理改革的一股新生力量。

根据 21 世纪教育研究院做的《中国创新小微学校调查报告》，当前小微学校的办学规模以 50 人以下为主，平均师生比为 1∶2；北京、四川（成都）和广东是小微学校创办的活跃地区；3/4 的小微学校是为了解决自家孩子上学问题而创办的；招生方式以“口碑相传”为主要途径，学生年龄大多在 5～12 岁。[①]这类小微学校注重特色课程教学，讲究生活技能和可持续发展生活方式；日常课程包括传统文化、户外活动、艺术课程等的学习；采用“混龄”、“游学”以及主题式/项目式学习，鼓励学生自主探索。在教学效果评估上，多采取多元评估，由教师、孩子、家长共同参与；采取卷面考试、闯关型考试和项目展示等多种评价方式和手段。在毕业生流向上，因大多数“创新小微学校”的创建时间普遍较短，毕业生数量很少。据反馈，大多数毕业生会选择申请出国深造或是参加国内高考，也有毕业后选择创业或直接就业的。

对于小微学校来说，取得办学资质并不是一件容易的事。2016 年 12 月 29 日印发的《国务院关于鼓励社会力量兴办教育 促进民办教育健康发展的若干意见》中明确提出：放宽办学准入条件；社会力量投入教育，只要是不属于法律法规禁

① 中国创新小微学校调查报告.（2019-12-20）. https：//www.pishu.com.cn/skwx_ps/multimedia/ImageDetail?SiteID=14&ID=11615622&ContentType=MultimediaImageContentType.

止进入以及不损害第三方利益、社会公共利益、国家安全的领域，政府不得限制；吸引更多的社会资源进入教育领域，同时提出国家积极鼓励和大力支持社会力量举办非营利性民办学校；各级人民政府要完善制度政策，在政府补贴、政府购买服务、基金奖励、捐资激励、土地划拨、税费减免等方面对非营利性民办学校给予扶持。新修订的《中华人民共和国民办教育促进法》提出，为保障教育的公益性和公平性，要对民办学校进行分类管理，并明确提出营利性民办学校不得进入义务教育领域，明确了国家鼓励民办教育发展的方向。

（四）合作主导型

1. 委托管理：社会参与合作办学

上海市浦东区实行公共教育服务“管办评联动”机制。浦东新区社会发展局作为浦东新区的教育行政主管部门，面临着在城郊教育管理体制一体化以后，如何多渠道、多层次、多模式地拓展优质教育资源及发展郊区教育事业这些问题。2005 年 4 月，浦东新区社会发展局开始酝酿东沟中学接受委托管理事宜，并将其作为 2005 年浦东新区社会发展局的重点工作之一。浦东新区社会发展局首先提出合作意向，并与上海市成功教育管理咨询中心进行了充分协商，6 月正式签订协议。协议重点明确了以下四项内容：①学校性质和隶属关系的两个“不变”。在委托管理期间，东沟中学的“国有公办初级中学”的性质保持不变，与社会发展局的隶属关系保持不变。②委托管理期限。委托管理期限为初中的一个教学循环，共 4 年，即从 2005 年 7 月 1 日至 2009 年 6 月 30 日。③评估方式。由社会发展局委托具有专业资质的社会评估机构对委托管理的总体方案、年度办学绩效进行评估。④领导任命。委托管理期间，东沟中学的校长、书记由上海市成功教育管理咨询中心推荐，并分别报浦东新区社会发展局和社会工作委员会核准后聘用。上海市浦东区教育领域“委托管理”转变政府职能的改革就此拉开序幕。其通过委托管理把由政府承担的部分管理事务委托给相关中介组织；通过培育和健全社会中介组织，使其成为承担政府管理社会服务的具体组织者和运行者；加强对中介组织的管理和监督，促使它们规范运作、健康发展，维护公平的市场竞争秩序。浦东新区委托专业的中介机构管理相对困难的学校，把管的事务交给更具有专业能力的机构，提高了政府管理的效益和效能。在“委托管理”模式中，政府委托的只是事务，而不是责任。浦东新区还将进一步发展专业的评估机构，以便加强对委托管理协议（合同）的监督和问责，确保政府委托的职能得到有效的发挥。

2. 政府资助，多元合作

这一部分以深圳市龙岗区的政府资助学校试点进行分析。政府资助学校是指由政府提供教育用地，引入社会资本出资建设，政府拥有学校所有权，按照公办学校标准提供教育经费，由知名教育品牌承办的义务教育新体制学校。2014 年 11 月，龙岗区分别与华南师范大学、深圳市万科教育发展基金会签订合作协议，由华南师范大学承办华南师范大学附属龙岗大运学校和华南师范大学附属乐城小学，由深圳市万科教育基金会承办天誉实验学校和麓城外国语小学。这些学校采取以下办学方式：在办学体制上，政府根据规划布局及实际需要，选择教育用地，社会资本全额或部分捐资建校，学校建成后归政府所有。学校引进知名教育品牌和知名教育专家来办学，学校起点高、定位高、要求高，能提供更加优质的教育服务。区财政按上一年度全区同类公办学校生均培养成本（统计结果）为政府资助的学校予以拨款。

政府资助学校在获得与现有公办学校同等待遇的同时，还能获得优质企业的支持，如由深圳市万科教育发展基金会承办的两所学校，每年深圳市万科教育发展基金会向每所学校投入不低于 200 万元，为期 10 年；华南师范大学附属龙岗大运学校和华南师范大学附属乐城小学获得深圳市颐安投资集团有限公司的支持，两所学校每年获得 150 万元资助，为期 5 年，使学校在优质、品牌、特色发展等方面获得有力的支撑。除此之外，前三年，政府给予承办者年度教育管理费。学校理事会由龙岗区教育行政人员、承办单位负责人、教育专家组成，负责聘任或解聘校长，制定、修改学校章程、规章制度，审定学校发展规划、年度工作计划，审查学校预算、决算，制定教职工绩效薪酬标准，决定学校的其他重大事项。

学校理事会制定[①]《政府资助学校组织架构及权责清单》，进一步明确了学校组织管理架构，理清了教育局、承办方、理事会、校长四方的权责边界，达成共识，促进学校更好地发展。在评价体制上，其引入了第三方质量监控评估机制，探索建立“管办评”分离的现代教育治理新体系。教育行政部门委托第三方机构对政府资助的学校实行五年一次办学水平评估，政府依据办学水平评估结论，对政府资助的学校实行表彰、奖励或批评、惩处。

3. 引入社会组织参与

湖北恩施土家族苗族自治州鹤峰县在全国率先实施了“政府部门+基金会+商业保险”三方合作的乡村儿童大病医保。2012 年 7 月 18 日，“中国乡村儿童大病医保”公益项目在北京启动，鹤峰县成为全国首个试点县。“中国乡村儿童大病医保”公益基金与新华人寿保险有限公司北京分公司、鹤峰县委、鹤峰县人民政府三方合作，在全国率先实施“政府部门+基金会+商业保险”三方合作模式。鹤峰县人民政府主动探索、创新社会管理模式，以民间力量为杠杆，找到了行政管理规律、社会组织运作规律之间的有效结合点，打破了公益事业与政府公共服务的界限。

甘肃省陇南市宕昌县借力专业化的社会支持，开展校长教师培训。自 2006 年起，与北京市西部阳光农村发展基金会合作开展了以推进新课程改革为主要内容的中小学教师培训，共计培训小学语文、数学、英语教师 710 多人，中小学校长 30 人，教导主任 119 人。同年，与英国海外志愿服务社（Voluntary Service Overseas，VSO）合作，先后引进 7 名外籍教师，对全县校长、骨干教师和英语教师进行了全员培训。共开展校长培训 12 期，培训校长 300 多人次，培训中小学英语教师 330 多人，培训骨干教师 450 多人，培训科学教师 30 多人。

广东佛山顺德区赋予社会组织部分事权。在顺德区事权改革中应运而生的各种非营利组织承接了政府下放的部分事权。2011 年，区教育局成立了教育决策咨询委员会，通过公开招募，聘请了 26 位智囊人员，他们来自学界、企事业单位、社

① 宕昌县：政府主导、社会合力，提升区域教育内涵.（2016-12-17）. https://www.sohu.com/a/121835550_100974.

会组织和学校，这个智囊团直接参与顺德区重大公共教育政策的制定。借鉴这一经验，现在，顺德区半数以上的镇街教育管理部门成立了类似的机构。2012 年，顺德区民办教育协会成立，区教育局赋予这个协会“民办教育行业自主管理、水平评估、荣誉评定和质量监督”等管理职能和权力。2012 年，顺德区职业教育发展指导委员会成立，这个由 15 名顾问、19 名委员组成的委员会具有行业指导委员会的职能，对全区职业教育发展进行研究和指导。2011 年，顺德区面向社会公开招聘“社会兼职督学”，并赋予其督查权。至此，顺德区初步形成了由政府指导性管理、学校自主管理、行业自律性管理，社会、社区、社会贤达、企业、家长、校友多元参与及协同共治的开放型教育治理体系。由此可见，教育治理体系改革要有社会力量的广泛参与，可把权力赋予第三方非营利组织，形成多元参与、协同共治的开放型教育治理体系。

三、社会参与学校改进的制度保障

（一）重塑政府、学校和社会关系

“多元共治必须以法治为基础和前提”，“没有法治，就没有秩序和效率，善治就无从谈起”①。因此，有效的社会参与需要制度的保障。

政府是教育改革的设计者和组织者，要切实落实政府在教育改革中的管理地位和主体责任，加强对教育改革的引导，做好教育改革规划设计，制定好改革文件，切实保障政策到位、措施落地。政府要为以教育质量为导向的改革做好“大服务”，制定整体战略、提供政策支撑、提供资金支持，支持学校进行教育改革，为教育教学改革创设宽松、良好的社会氛围。

政府要把该管的事项切实管住、管好，把该放的权力坚决放下去，构建政府、学校、社会之间的新型关系。以管办评分离、委托管理为主的办学体制改革，可以实现学校的自主发展，体现各学校的办学特色，增强公办学校的办学活力。同

① 褚宏启，贾继娥. 教育治理与教育善治. 中国教育学刊，2014（12）：6-10.

时，要打破体制壁垒，面向社会开放教育，促进教育家办学和教育创新，形成公办、民办教育互补体制和全社会多主体参与教育治理的互生机制，增强教育的选择性，以满足公众多样化、高质量的教育需求。

同时，在转变政府职能、推进管办评分离的改革过程中，既要大力鼓励社会各主体积极参与教育治理，协同构建开放的教育生态，又要守住义务教育发展的公益性底线，防止市场化运作对义务教育的公益性和公平性的损害。

（二）完善学校治理结构和运行机制

作为一个社会性的组织，学校是社会系统的一部分，与其他社会子系统（比如经济子系统里的企业、政治子系统里的政府机关等）经常会发生物质、资金、人员和信息的交换，在社会系统中承担着一定的社会责任和社会功能。[①]因而，作为社会治理者的政府和社会事务（特别是与学校经营息息相关的事务）参与者的其他组织、社区和个人，会通过某种途径和方式对学校施加影响，从而以各自的目标选择满足各自的基本需求。因此，学校作为办学的主体，处理好与各社会主体的关系，就显得尤为重要。一是学校要坚持开放办学，积极吸纳需要的社会资源，将其纳入学校的管理和课程体系，以最大限度地满足学生的多样化学习需求。当前，部分地区和学校为解决“课后三点半”问题进行了有益的探索，通过政府买单免费托管、与社区合作等形式，解除了家长的后顾之忧。二是积极应对互联网、人工智能等社会发展趋势给学校带来的影响和挑战。新的社会发展趋势影响了人才培养的规格和要求，间接影响了学校的育人模式。当前，国家非常重视对学生核心素养的培养。要提高学生的创新精神和实践能力，就需要吸引优质社会资源参与到学校育人中来，如优质的课程、信息化的管理等，提高人才培养的质量。三是严防市场力量对学校的侵蚀。学校是育人的场所，社会资源引入一定要服务于学校的教育和教学，而学校不能被市场的规律和资本的力量所绑架，如当前国家下大力气整顿、规范校外培训机构就是为了防止其对学校教育的干扰和教育生态的破坏。

---

① 庄西真. 论学校的治理. 当代教育科学，2009（14）：3-1，12.

（三）建立社会问责、信息公开和监督机制

通过各种途径和平台，提供满足学生多样化学习需求的资源和机会，是现代社会的重要特征之一。有媒体指出，教育消费也因此成为新的拉动经济增长的“三驾马车”之一。特别是在互联网、大数据和人工智能对教育的影响越来越深入的背景下，国家明确鼓励社会力量大力发展线上教育，以弥补优质教育资源的不足。例如，当前线上英语培训风头正强劲，受到家长的欢迎，但同时国家对这种线上培训机构的监管存在缺位，培训机构倒闭和跑路的现象时有发生，使家长和学生的利益受到损害。因此，对于进入教育领域的各类社会资源和机构，教育、工商、市场等部门一定要适应新形势发展的需要，明确牵头部门和协同部门的职责及出现问题的处置程序和办法，避免扯皮和出现监管真空，让各类优质教育资源在阳光下运转，确保学生安全、有效地享受校外的优质教育资源。

第三节 学校改进的家长参与

家长是学校改进的重要利益相关者，不应在学校改进的过程中缺位。从教育治理的角度看，家长应该作为一支重要的力量参与到学校管理和决策的过程中，以提高学校管理和改进的科学性与民主性。在建立现代学校制度的过程中，学校逐步重视通过家长委员会、家长学校等方式，发挥家校合作在学校改进中的作用。

当前，我国也开始进行了新一轮的教育督导体制机制改革，家长作为教育督导的一支重要力量得到政府和学校的重视。从督导的角度引入家长力量，参与到学校的管理和监督，是缓解当前家长教育焦虑的一种有效方式。但从学校改进的实践层面看，家长作为一个和教育密切相关的利益群体，以何种身份、何种方式

参与学校工作，赋予家长督学的身份会不会影响学校正常的教育教学，家长督学的身份性质和内涵、家长督学的工作内容、工作时间、工作流程等，如何考核和评价家长督学的工作，以及应该为家长督学的工作提供何种保障等，都需要系统地谋划和设计。本部分试图从政策分析和地方实践的探索出发，研究家长参与学校教育的可能性和可行性，并就家长参与学校督导的身份、内容、手段和路径等进行地方实践的探索，提出进一步改进家长参与学校督导的意见和建议。

一、家长参与的研究与进展

关于家长参与（parental involvement）的定义学者至今没有取得共识。有的学者从家长的行为和养育方式进行界定，如胡佛-邓普西（Hoover-Dempsey）与桑德勒 （Sandler）将家长参与定义为在家庭或学校中，与子女学习相关的家长所做的活动。[①]拉罗克（Larocque）、克莱曼（Kleiman）和达林（Darling）认为，家长参与是父母或监护人对子女教育的投资。[②]也有学者区分了家长参与的类型，如爱普斯坦（Epstein）认为，家长参与包括：基于家庭的策略，即在家庭学习和教育方面提供安排与支持等；基于学校的策略，即与教师沟通或参加学校活动等。[③]波梅兰茨（Pomerantz）提出了迄今最清晰和最具包容性的定义，认为父母参与分为两个类别：以学校为本的家长参与、以家庭为本的家长参与。[④]其中，以学校为本的家长参与指家长与学校实际接触的行为，包括参与学校会议和学校活动，在学校做志愿者以及与教师沟通。以家庭为本的家长参与指“家长通常在校外进行的与学校有关的行为”，包括帮助孩子完成与学校有关的工作（如家庭作业、

---

① Hoover-Dempsey K V，Sandler H M. Why do parents become involved in their children's education? Review of Education Research，1997，67（1）：3-42.

② La Rocque M，Kleiman I，Darling S M. Parental involvement：The missing link in school achievement. Preventing School Failure: Alternative Education for Children and Youth，2011，55（3）：115-122.

③ Epstein J L. Toward a theory of family-school connections：Teacher practices and parent involvement. Social Intervention Potential & Constraints，1987：141-163.

④ Pomerantz E M，Moorman E A. The How，whom，and why of parents ' involvement in children ' s academic lives：More is not always better. Review of Educational Research，2007，77（3）：373-410.

选课），与孩子交流学校或学术问题，并让孩子参与认知、智力活动（如读书、参观图书馆或博物馆）。本书重点探讨以学校为本的家长参与行为。

家长参与学校教育已成为当今许多国家教育改革与发展的重要方面。家长，狭义上指未成年人的父母，广义上指父母或其他监护人或者孩子的长辈。对于“家长参与学校教育”（parent participation in schooling 或 parent involvement in schooling），有些学者也简称其为“家长参与”（parent participation 或 parent involvement）。“家长参与学校教育”是一个含义不确定的概念，不同的学者对于家长参与的看法不同，在内涵界定上就有各自不同的观点。爱泼斯坦（Epstein）将家长参与学校教育归结为 6 个层次：①亲职（parenting）教育；②就学校项目及孩子的进步状况同学校进行交流（communicating）；③充当学校活动的志愿者（volunteering）；④在家辅导孩子学习（learning at home）；⑤参与学校决策（decision-making）；⑥同社区密切合作推动学校发展（collaborating with community）。

家长督学是对家长参与学校教育概念的引申和拓展，主要指家长从督导的视角对学校决策和实践事务层面的参与和影响。家长督学作为一个特殊的群体，参与到我国学校改进的过程，是我国推进管办评分离改革、提高教育督导服务学校发展的重要措施。本部分从家长督学的视角出发，对其参与学校改进的政策、实践及建议等进行研探讨。

二、家长督学参与学校改进的政策分析

教育督导是推动我国实现教育治理体系和治理能力现代化的重要力量，而督学队伍建设是影响我国教育督导成效的关键环节。《中小学校责任督学挂牌督导办法》《中小学校责任督学挂牌督导规程》《督学管理暂行办法》等一系列文件的相继出台，为我国完善教育督学队伍提供了政策依据。按国家的政策要求，目前的责任督学主要从在职和退休的校长、教师、教研人员、行政人员中遴选，其在监督、指导学校规范办学上发挥了重要的作用。在实践探索中，各地尝试吸引各类人员参与学校督导工作。但整体来看，家长作为一支重要的力量，没有得到应

有的重视。例如，有地方尝试引入家长督学参与学校的监督和管理，但大多数地方对家长督学持谨慎态度。2017年，《义务教育学校管理标准》印发，明确学校需要建立现代学校制度，其中要求引入社会和利益相关者的监督，密切学校与社区联系，促进社区代表参与学校治理。毫无疑问，家长是学校办学的重要利益相关者，这为学校探索引入家长督学参与学校的管理和监督提供了政策依据。但家长督学作为一个特殊群体，其参与学校管理监督的内容、方式和边界等问题都需要进一步研究。这对于拓展督学主体的类型、实现学校办学的全方位监督、促进学校开放办学，进而提高教育的社会满意度有重要意义。

三、家长督学参与学校改进的实践研究

（一）家长督学的实践调查

为了解实践层面我国督学队伍的建设情况及家长参与学校督导的现状、其对参与学校督导的认识及意见建议，笔者对北京、云南的督学队伍建设进行了实地调查，并访谈了教育行政部门相关负责人，征求其设置家长督学的意见和建议。整体来说，从督学的选聘范围来看，家长这个群体还没有成为督学的重要来源。例如，北京督学选用范围主要是幼儿园的园长，学校的校长、书记、教研员、特级教师、骨干教师等。此外，北京市朝阳区、昌平区还聘用了区人大代表、政协委员等担任督政督学。云南省教育系统督学的选聘，坚持具有大学专科以上学历或者中级专业技术职称，从事教育管理、教学或者教育研究工作7年以上，工作实绩突出。责任督学主要从在职校（园）长、教师、教研人员和分管教育（学校）工作的行政人员中遴选，专兼结合，注重兼顾中学、小学和幼儿园等不同学段。通过对两个地区相关群体的访谈，从督学的定位、职责和专业角度来看，两个地区都不建议在全国大面积推行家长督学，在有条件的地区，根据学校需要，可以尝试聘任家长督学。其他地区欢迎家长监督，从办学角度参与就可以了。可见，家长督学还没有大面积推广的实践土壤，目前只是在一些区域试点开展。

（二）家长督学的案例研究

为进一步了解家长督学试点地区的开展情况，笔者对重庆某区的部分家长督学的开展情况进行了实践调查，走访了区某小学，并对校长及部分家长督学进行了座谈。校长从教育合伙人的角度，对家长督学参与学校教育工作进行了总体介绍。

（1）家校共育是学校的一大特色和亮点。学校建校的初心是家长满意、学生多元发展、教师规范从教、教师专业发展、学校科学育人。

（2）家长教师协会进校开展工作，结合学校、班级事务开展工作。

（3）重视家长社团参与到学校教育教学的全过程，大到听课、看教师的教案，小到协助教师批改学生的作业，都有家长的参与。

（4）学校很多事情都得益于家长的参与，家长是学校的教育合伙人。

在家长督学座谈会上，家长督学重点谈了其参与学校工作的内容和收获，积极为学校的各项管理和建设建言献策，提供适切的服务，发挥宣传窗口的作用，为学校树立良好的社会形象。其主要工作内容如下。

（1）成立家长督学协会，每日进校开展活动。

（2）积极参与学校的各项活动和各项督导培训，积累更先进、更实用的督导经验。

（3）建立了家长督学反馈问题的工作机制，同时跟进整改落实。

（4）每学期至少对学校的安全隐患排查三次。

（5）负责参与学校各类工作检查，如安全督查、课程设置监测、作业检查、教学工作检查等。

四、家长督学参与学校改进的反思

（一）目前家长督学在实践中可尝试开展，但不宜大面积推广

家长督学是一个制度创新，这个制度设计有利于学校开放办学，有利于家长

充分了解教育、支持教育。从教育治理的角度而言，家长是评价教育是否令人满意的重要维度之一。党的十九大报告提出了以人民为中心的发展思想。坚持以人民为中心，办好人民满意的教育是社会主义教育的本质要求。办教育要回应人民的关切，因此，有必要从督导的角度，引入家长这个群体，使其参与到学校教育中来。

从政策角度讲，督学是由政府教育行政部门聘任的，是专门从事教育督导的专业人员。2013 年，我国出台了《中小学校责任督学挂牌督导办法》，规定责任督学由本地教育行政部门聘任，按照 1∶5 左右的标准为学校配备。按照该办法的要求，责任督学主要从在职和退休的校长、教师、教研人员和行政人员中遴选。《教育督导条例》《督学管理暂行办法》都提出了督学必须熟悉教育工作和督导工作的原则要求，这是对担任督学的专业素养提出的明确要求。在实地访谈中，有地方教育行政部门干部对家长担任督学也提出了类似的担忧。首先，其认为家长虽然是学校教育的重要利益相关者，但如果家长在自己的孩子所在的学校担任督学，势必影响家长督学工作的公平性，这是选聘家长督学必须要考虑到的问题，即家长督学的聘任必须坚持回避原则，回避到自己孩子所在的学校担任督学。其次，家长参与教育工作的专业性问题。家长来自各行各业，若要使家长有效地参与到学校教育中，对学校办学真正发挥监督、指导作用，需要制定家长督学的准入门槛和建立相应的培训制度。最后，家长督学的性质和定位问题，即家长督学以什么身份参与到督导工作中去。依照现行的督学聘任管理办法，专职督学和兼职督学都需要经过教育行政部门或督导部门聘任，家长还未作为一个重要的来源补充到督学队伍中。笔者通过对北京、云南等地教育行政部门的调研发现，大部分地方都还没有推行家长督学制度，对家长督学的推广均持非常谨慎的态度，一致认为家长督学是一种创新举措，可以先行试点，但当前不宜大面积推广。

（二）要进一步明确家长督学的身份和职责定位

家长担任督学是督学聘任机制的一个重要创新。但在实践调查中笔者发现，人们除了对家长担任督学的专业性的担忧外，更多的是不清楚家长督学的身份、职责和定位，也不清楚需要家长督学干什么、家长督学能干什么，对家长督学的风险考虑得比较多。例如，目前地方督学的来源一般有两类：一类是在职的公务员或学校公职人员；另一类是退休的公职人员。当然，也有地方教育行政部门负责人认为，不论是专职督学还是兼职督学，其都有一个家长的身份。因此，从广义角度理解，这些督学也应该叫家长督学。这种理解显然不是我们通常意义上理解的聘任一般家长担任督学，但也从另一个方面印证了我们对家长督学的“家长”的身份的认识存在模糊，需要在完善家长督学工作机制中予以进一步明确界定。

除了家长的身份问题，还有家长督学的职责问题。在实践调研中笔者发现，大多数地方之所以对家长督学不感兴趣，主要原因之一是没有弄清楚在目前的督导体制下，家长督学需要履行哪些职责。这个问题确实存在，从国家层面讲，先抛开家长督学不谈，单说督学的职责，目前国家规定的中小学责任督学有 8 项督导职责，涵盖了学校工作的方方面面，需要地方按 1∶5 的标准配置专职或兼职督学来履行这些职责。但笔者在调研中发现，地方对督学的使用存在混乱的现象，如从地方督导工作实际来看，除了对学校应该履行的经常性督导职责外，还有上级下达的各种专项督导和评估监测工作，为了完成上级布置下达的任务，大部分责任督学被抽调做各种专项督导，进而学校督导工作处于一种被忽视的尴尬局面。因此，整体来看，如果对学校的督导工作不重视，即使聘任家长来做督学，也实现不了监督指导学校发展的目的。

（三）统筹设计好家长督学的工作机制至关重要

在厘清了家长督学的身份、职责和定位后，进一步统筹设计家长督学的工作机制就显得尤为重要。在实践调研中，地方教育行政部门非常重视家长督学的产生机制，认为需要将其区别于原来的督学聘任机制。首先，家长督学的产生机制应该是新的，是开放的，应选其他领域的人，如从熟悉财务的家长中选择，来监督学校的财务工作。之前，选聘的督学大都是教育系统的人，按照“长牙齿”①

---

① 针对目前教育督导仍存在权威性、严肃性不足的问题，还没有真正形成威慑。2020 年 2 月，中办、国办印发《关于深化新时代教育督导体制机制改革的意见》致力于从管理体制、运行机制、结果运用、督学队伍四个方面解决——让教育督导“长牙齿”。

的要求，对照工作思路，发现和解决深层次问题是有障碍的。因此，从家长中选聘一批和教育没有关系，但对教育有认识的人来做督学，就是一个非常好的尝试。其次，要合理配置督学资源，使家长督学成为一种有益的补充。督学的合理搭配对于履行督学职责非常重要，督学负有监督指导学校办学方向的重要职责，在引入家长担任督学时，一定要设计好工作机制，避免家长组成的小团体偏好影响大的教育发展方向，要形成教育系统的专兼职督学和家长督学相互促进、相互制约的机制。最后，家长督学的培训要跟上。家长毕竟来自各行各业，家长督学这支队伍的权威性要得到学校和社会的认可，就需要保证督导工作过程的专业性和督导结果的可靠性，这些都需要加强对家长督学队伍的培训，使家长督学既能从各自的专业领域出发，又能认识到教育的规律性和特殊性，避免沟通的障碍或在学校说外行话。

（四）需要明确家长督学的工作范围和保障措施

督学的工作范围不宜涉及学校工作的方方面面，家长督学作为校外力量来参与学校的监督和指导，就更应该明确家长督学可以发挥作用的范围和领域。在实地调研中，有督学反映，在学校财务、营养餐、学校安全等方面，都可以发挥家长所在专业领域的作用和价值，而在课堂教学方面，则不宜让家长过度参与。此外，还要从制度层面对家长担任督学的工作补贴做出具体的规定，家长督学是政府教育行政部门聘任的专业人员，和专兼职督学一道来配合教育督导部门的相关工作，因此，家长督学的工作不宜成为家长额外付出的义务劳动。除了经费方面的保障外，还应该对家长督学的工作纪律、工作中的意外等进行充分的论证，如履职中的风险如何管控，如果出现了意外，如何应对和处理，这些都是完善家长督学制度必须要考虑到的环节。

（五）部分地区在开展家长督学方面积累了丰富的经验

重庆市南岸区在推进家长督学参与学校督导方面积累了丰富的经验，家长督学制度是南岸区“双轮”督导创新机制的重要一环。南岸区自2016年起持续推动教育督导责任区挂牌督导和联动片区校内督导“双轮”督导，实现了基于联动片区机制的学校督导工作室摸家底、找差距、看未来、提需求。联动片区主要由学校校本督导，和责任区挂牌督导形成了校内外联合督导，挂牌督导是“第三只眼睛”，由外向内来看学校的办学质量，跟联动片区督导由内向外形成了一种校内外督导的良性互动。家长督学是学校校内督导的一个重要组成部分，南岸区非常重视学校的校内督导，重视建立学校视导员制度，加强学校内部视导和评价工作，形成了内外结合的良性互动督学机制。

以南岸区某小学为例，家校共育是学校工作的一个特色和亮点。①双周的周四家长督学进校开展工作，主要是督学、督教、督政，每周四有家长社团开展活动，在每月最后一周的周四，全校各班开设家长课堂。②学校特别重视家长社团，家长可以参与到学校的课程教学、课外活动中，学校的安全、食堂伙食、课程设置等，家长也可以随时进门听课、检查作业等。③学校成立了家长督学、家长教师协会，每日邀请校长助理进校开展活动、检查工作。家长督学在督学过程中用专业、公平的眼光，公正、公平地看待教学的日常工作，并实事求是地转达给学校。④对于在督查过程中发现的一些重大问题，督查之后会有反馈，会在反馈活动上按下达整改通知，跟踪督办评估反馈的程序进行操作，然后及时发现和解决问题。⑤学校每学期至少进行三次安全隐患排查，开学之前，家长督学就会到校进行第一次安全隐患排查，在这个过程中，家长督学每两周或者三周就会进行一次复查，就是查看学校有没有进行整改，在学校放假之前，还会进行一次安全督查。

总之，家长督学对学校发展的作用主要体现在两个方面：①学校建立了家长督学的工作机制，学校督导室下设家长督学，负责参与学校各类工作检查，如安全督查、课程设置监测、作业检查、教学工作检查等，家长协会和家长督导机制的完善在助推学校教育教学发展过程中起到了非常大的作用。②重视家长督学对学校教学和管理的监督，让家长督学参与到学校教学、管理、安全的全过程，跟踪督促学校管理问题的整改落实，使家长督学成为学校改进的一支有生力量。

五、家长督学参与学校改进的建议

家长督学是整个督学队伍建设的重要组成部分，要做好家长督学的制度设计，应该对督学的身份、角色、工作边界和职能进行重新梳理和调整，要对学前和义务教育等阶段的督导工作内容和重点进行修订和进一步的明确，以体现各自学段的特点。这就需要重新对督学制度进行顶层设计。笔者在实践调研的过程中深深感到了地方对督学角色理解不清、督学队伍聘任不规范、督导工作开展形式化以及督导结果运用不充分等方方面面的问题。

首先，我们在制度上对家长督学制度重新进行设计和思考，从家长督学的准入、职能和工作范围、培训和指导等方面进行系统设计。

（一）严格家长督学的准入制度

督学是代表政府和教育行政部门监督、指导学校办学的重要制度措施，督学的身份兼有行政属性和专业属性。因此，从家长这个群体中选拔具有专业属性的家长担任督学是做好这项工作的前提。通过调研和访谈，笔者发现，地方对家长督学的专业需求主要体现在以下方面：①热爱教育事业，具有想与学校打交道的爱心和责任心。②家长督学的专业属性体现在与学校工作相关的财务、食堂管理、卫生、安全等方面，在这些领域工作或具备某一领域专业知识的家长更适合担任家长督学，以发挥其指导学校的专业优势。③家长督学的专业属性也可以体现在与教育相关的专业方面，如邀请在教育领域从事相关工作的家长进校对学校课堂、教学或学校管理等方面的工作进行指导，助力学校的发展。由此可以看出，要试点推行家长督学制度，首先就要在实践中探索和制定家长督学的准入机制，选拔一批有爱心、有责任心、有专业背景的家长充实到督学队伍中。

（二）分类设定家长督学的职能和工作范围

应该根据学校的需求，分类设定家长督学，如设定家长卫生督学、家长安全督学、家长财务督学等，然后分类明确家长督学的职能分工、工作范围、工作流程和工作时间等，以服务学校需求为工作的出发点，以帮助学校提出和反馈问题为主要工作原则，最终发挥家长督学督促学校发展的“助力”角色。在定职能的基础上，要明确其工作的范围和程序。例如，笔者调研的重庆南岸区某小学，其家长督学为了方便开展工作，不但组建了工作机构，还建立了家长督学的工作章程，制定了各类工作调查表，方便其对照调查表，审视学校的工作，并及时给予督导部门反馈。

（三）加强对家长督学的系统培训和指导

家长督学作为一支指导学校的专业力量，需要对其进行业务上的系统培训。同时，应根据每次督学任务的内容，分专题、分模块对家长督学进行培训，使家长督学掌握监督和指导学校的基本知识、基本技能，具备指导学校的基本素养，应适时进一步探索制定家长督学工作指南或专业标准，为家长督学工作的顺利开展提供政策上的遵循。以笔者调研的重庆南岸区某学校为例，学校确定了一个家长督学督评工具开发课题，教学方面的工具是由教师设计的，学校安全方面的工具是由家长设计的，用这样的工具来进行督导。家长拿到督导工具表格之后，学校先对其进行培训，指导家长如何看待和应用这张表，并征求家长对这个表的意见，到目前为止工具表已经修改了三次了，通过不断提高工具表的可信度和科学性，来提高家长督评的效度。

（四）确保家长督学来源的多元化

家长督学队伍的优势就是其专业的多元化，应发挥其专业化、多元化的优势，为学校的发展献言献策。这就要求家长督学的选聘要体现督学身份的多元化，从教育相关者的角度考虑和选拔。以笔者实地调研的重庆南岸区某学校为例，学校建立了一支稳定且持续更新的视导员工作队伍，有家长代表，有社区代表，也有退休教师代表，其以不同的身份参与到学校相关的工作中去，共同助力学校的发展。涉及某一专题的督导，如食品卫生方面，学校还会专门聘请区食品药品监督管理局的专业人员来给家长督学进行统一的培训；如家访工作，学校会发挥社区督学的优势，在社区里统一开展工作，家长督学帮学校和一些单位做一些联系和协调工作。

（五）完善家长督学的工作保障体系

教育行政部门和学校要为家长督学工作提供保障和便利。教育行政部门要出面聘任家长督学，并为其颁发家长督学证，作为其开展工作的证明。学校要为家长督学在学校开展工作提供便利和条件保障，切实支持和配合家长督学的工作。同时，也要建立家长督学的工作记录制度和反馈制度，使其及时将在学校的工作反馈给教育督导部门，作为年终考核评价学校的重要参考，同时作为下一步学校改进的重要依据。

第四章　学校改进的内部治理

第一节 提升校长领导力

校长是履行学校领导与管理工作职责的专业人员，对学校改进、教学质量的提高和学生的发展具有重要的影响，其领导能力深深影响着学校的办学质量和发展方向。陶行知先生说过，校长是一个学校的灵魂，要想评论一个学校，先要评论他的校长。特别是当前人民对更高质量教育的需求与教育事业发展不平衡和不充分的矛盾已成为教育基本矛盾。校长办学面临前所未有的挑战和压力，研究提升校长的领导力，是引领学校内涵发展、提高教育质量的核心和关键。

一、领导和校长领导力的研究进展

（一）领导的内涵

领导（leadership）在经济学、政治学、社会学等不同领域都是颇受关注的研究话题。自20世纪30年代开始，有关学者就从特质、行为、影响、互动模式、角色关系，以及管理上的职位等诸多方面对领导进行了研究。在西方的研究中，领导力是领导者在实践中表现出来的一种能力。例如，美国著名学者詹姆斯·库泽斯和巴里·波斯纳在《领导力》一书中指出，“领导力，是领导者如何激励他人自愿地在组织中做出卓越成就的能力。领导力并不完全取决于个人的人格魅力，它也是一种实践，通过领导者的共同实践能够提炼出领导力的素质模型”[①]。

① 詹姆斯·库泽斯，巴里·波斯纳. 领导力. 4版. 李丽林，张震，杨振东，译. 北京：电子工业出版社，2009.

美国学者伯恩斯（Bennis）认为，领导力是把愿景转化为现实的能力。关于领导，比较经典的定义是，"抱有既定目标的人，在与他人展开竞争或发生冲突时，便动员组织上、政治上和心理上等其他资源以唤醒并满足被领导者的种种动机，这样便产生了对他人行使权力的领导"[①]。也有学者把领导力定义为影响力，即影响人们心甘情愿和满怀热情地为实现群体的目标而努力的艺术和过程。[②]

在我国，毛泽东在1938年10月14日的政治报告《中国共产党在民族战争中的地位》中提到："领导者的责任，归结起来，主要地是出主意、用干部两件事。一切计划、决议、命令、指示等等，都属于'出主意'一类。使这一切主意之实行，必须团结干部，推动他们去做，属于'用干部'一类。"[③]可见，领导包括两个重要的方面：一是制定发展目标或战略；二是带领一批人朝着这个目标努力的过程。这是政治领袖对领导的认识和看法。

（二）领导理论的发展

领导理论源自西方，从20世纪30年代开始，其大体经历了领导特质理论（trait theories of leadership）、领导行为理论（behavioral theories of leadership）、领导权变理论（contingency theories of leadership）的变迁。

1. 领导特质理论

从20世纪30年代开始，就有学者研究领导者和非领导者在个性、社会背景、心理或智力因素等方面的差异，对领导者特质的研究主要集中在能力、个性和动机三个方面。例如，美国俄亥俄州立大学工商企业研究所的Stogdill把领导特质归纳为六大类：身体特性如精力、身高、外貌等；社会背景特性如社会经济地位、学历等；智力特性如判断力、口才等；个性特征如适应性、自信、进取心等；与

① 詹姆斯·麦格雷戈·伯恩斯. 领导论. 常健，孙海云，等译. 北京：中国人民大学出版社，2006.

② 海因茨·韦里克，哈罗德·孔茨. 管理学——全球化视角. 11版. 马春光，译. 北京：经济科学出版社，2004：305.

③ 毛泽东. 中国共产党在民族战争中的地位（节选）（1938年10月14日）.（2020-08-20）. http://www.people.com.cn/item/sj/sdldr/mzd/c105.html.

工作有关的特性，包括高成就需要、有毅力、有创造力、重视任务完成等；社交特性如善交际、愿意与人合作等。[①]同时，研究者还总结出了领导者具备的 6 种特征（表 4-1）。

表 4-1 区分领导者与非领导者的六种特质

类型	特征
进取心（drive）	领导者表现出极高的努力程度，他们具有较高的成就动机，富有进取心，精力充沛，执行各项活动不知疲倦，积极主动
领导意愿（desire to lead）	领导者要有强烈的意愿去影响和领导他人。他们愿意为自己的行动负责
诚实和正直（honesty and integrity）	领导者之间以及上下级之间通过诚信、坦诚相对和言行一致来建立信任关系
自信（self-confidence）	下属寻求领导者的帮助是为了解决自己的困惑，因此，领导者需要展现出充分的自信以获得下属对其决策正确性的信任
智慧（intelligence）	领导者必须拥有足够的智慧来收集、综合和解释大量信息，并且能够创造美好的愿景，解决问题和做出正确决策
与工作相关的知识（job-relevant knowledge）	有效的领导者必须对公司、行业的技术问题有较好的了解和掌握。渊博的知识能帮助领导者做出信息充分的决策和了解这些决策的意义

资料来源：王辉. 组织中的领导行为. 北京：北京大学出版社，2015：14

总之，领导特质理论充分重视领导者自身素质对于领导的作用和价值，由于领导行为深受情景、行为等复杂因素的影响，引导领导特质理论逐步转向对领导行为的研究。

2. 领导行为理论

领导行为理论致力于对领导者领导行为的考察，试图找出领导者行为与工作满意度、员工生产率之间的关系。俄亥俄州立大学工商企业研究所在 Stogdill 的带领下，在 20 世纪 40 年代末设计了“领导行为描述问卷”，区分了领导行为的关怀维度（consideration dimension）和创立结构维度（initiating structure dimension），首次提出了领导行为的四分图。[②]为深入四分图理论的实践应用，美

① 转引自：王辉. 组织中的领导行为. 北京：北京大学出版社，2015：13-14.

② 转引自：王辉. 组织中的领导行为. 北京：北京大学出版社，2015：15.

国得克萨斯州立大学心理学教授 Blake 和 Mouton 在 1964 年提出了管理方格理论。其根据两个标准——对人的关心程度和对生产的关心程度，把领导者分为九种类型。[①]其中，团队型管理的领导者既注重对员工的关心，也注重工作绩效的提高，由于共同的组织目标而形成相互信任的工作关系，员工的满意度高，生产率也较高。乡村俱乐部型管理的领导者强调对员工的关心，而降低了对工作绩效的关注。当高度关注生产，很少关心人时，就是任务型管理。中庸之道型管理的领导者既关心工作也关心人，两者维持了一种微妙的平衡。虚弱型管理的领导者对工作和人的关心都很少，类似于中国《道德经》中的“无为而治”。

3. 领导权变理论

领导权变理论探讨了领导的有效性与其所处环境的关系，侧重点在于领导模式、追随者特性和环境特性是如何相互作用的。菲德勒（Fiedler）的权变理论从三个维度定义了情境变量：一是领导者与成员的关系；二是任务结构；三是职位权力。其进而认为，一个领导（要么是关系导向型，要么是任务导向型）在不同情境下起的作用是不一样的。[②]赫塞和布兰查德的情境领导理论、路径-目标理论、Vroom-Jago 模型和环境对领导的替代型理论都检验和证明了在不同的环境中需要采用不同的领导模式。根据菲德勒的理论，在很好和很差的环境中，任务型领导者会取得更佳的成效，一般的环境更适合关系导向型领导者。赫塞和布兰查德认为，领导者应当根据追随者的主动性来决定采用哪种领导模式。路径-目标理论指出，领导者的领导模式应当能够清晰地为追随者指明通向他们所渴求的奖励的途径。Vroom-Jago 模型认为，领导者可以根据任务的质量要求、支持的需求和领导者所具有的信息量等因素，决定追随者参与决策的程度。领导的替代型理论指出，领导者可以通过所采用的领导模式来弥补环境所不能够提供的指导及帮助。[③]

① 转引自：王辉. 组织中的领导行为. 北京：北京大学出版社，2015：17.
② 转引自：王辉. 组织中的领导行为. 北京：北京大学出版社，2015：41.
③ 转引自：张爽. 中小学校长领导力研究. 北京师范大学博士学位论文，2008：23-24.

（三）校长领导力研究的进展

领导力是一种特殊的影响力，具有以下几方面的特征：①领导力与领导密切相关，领导力是领导过程中形成、发展并服务于领导过程的能力的总称；②领导力不同于领导，领导是指一个过程或一种行为，而领导力是实现这个过程或胜任这种行为的能力；③领导力不仅仅指领导者的能力，逻辑上也包含被领导者的能力，从某种意义上讲，领导力是领导者的吸引力和影响力与被领导者的选择力和反作用力互动形成的合力；④领导力是最重要的组织资源和核心竞争力之一，领导力在很大程度上决定着组织目标能否实现以及组织目标实现的程度。[①]领导力的提升是领导活动中的一个现实问题，要将西方领导理论与我国的国情和实际组织环境相结合，注意权变和特殊的一面。领导力的提升需要领导体制的完善，需要领导环境的匹配，需要领导者与追随者双方的互动。[②]

领导力是校长的核心能力，校长领导力研究受领导理论和企业领导力研究的影响，但学校和企业组织的性质不同，这决定了校长领导力具有不同于企业领导力的责任和使命。

校长领导力是校长在领导实践和理论两方面所具有的对学校目标的关注和追求、对教师和学生的影响力。要提高校长领导力，需要深刻把握教育领导的理论和实践，以为其提供知识基础。[③]但没有任何一种领导方式适用于所有情境。霍普基金强调了转化式领导和教学领导实践在面临挑战情境的学校里实现改进的核心地位。独裁主义的领导力形式在特殊的、薄弱的学校中是非常普遍的。在那些并没有处在失败中而且稳步发展的学校里，存在很多可能的、可选择的领导模式和领导途径。校长要采取适合学校发展阶段的领导力途径。[④]近年来，分布式领导发展成一种新的领导力模式，该模式提倡领导力是学校每个人的责任。

---

① 中国科学院“科技领导力研究”课题组. 领导力五力模型研究. 领导科学，2006（9）：20-23.

② 詹姆斯·库泽斯，博纳斯·波斯纳. 领导力. 3 版. 李丽林，杨振东，译. 北京：电子工业出版社，2004：VI.

③ 龚波，郭召志. 实践理论：提升校长领导力的知识基础. 教育理论与实践，2005（6）：20-24.

④ Alma H. Effective leadership in schools facing challenging contexts. School Leadership & Management，2002（22）：15-26.

但校长仍然是一个关键的角色，不是“主要的行为者”，而是组织领导力的建筑师。[①]总的来说，关于领导力和校长领导力的文献丰富且庞杂，通过对领导力和校长领导力研究文献的梳理，可以就领导力和校长领导力达成如下共识：①对于领导是一种专业角色，还是一种去除专业角色、人人可以分享的相互影响过程，先前研究存在较大争议，至此可以达成共识。②领导力不再是某些英雄式人物天生具备的品质，而是可以培养、习得的能力。③领导和领导力都是多层次的概念，涉及领导者的个人领导品质、对于追随者的感召力、对于组织发展的前瞻力和对团队的控制力等。④领导和管理是有区别的，但并不互相排斥。⑤领导力是企业能否获得竞争优势的重要因素，有研究提出了合格领导者应该遵守的标准、规范和准则，重点集中在领导者的心智改善和行为塑造上。⑥领导力是一种复杂的现象，应该与历史、文化以及价值观联系起来研究。⑦学校作为一个多层面的社会组织，需要一个多层次的领导力模型加以引领，没有一个适用于所有情境的领导力模型。⑧有效的领导力与建立学习型组织紧密相连。[②]经济合作与发展组织（Organization for Economic Co-operation and Development，OECD）在关于学校领导力的比较研究中，提出了四组相互关联的领导力责任：一是支持、评价和发展教师的素质，包括共同协调课程和教学计划、监督和评价教学活动、促进教师的专业发展、鼓励互相协作的组织文化。二是建立学习目标和评估以帮助学生达到高标准，根据目标检查进展情况，调整学校规划、改进绩效。三是战略资源管理，围绕提高教学质量这个目标自主制订预算；承担保养、维修的责任，承担资产项目的责任。四是与学校外部的合作，加强与家庭、社区、高校和企业的合作，特别是与其他学校和学习环境的伙伴关系，增加其在学校和当地发挥领导作用的机会。[③]

总之，基于校长领导力的研究和实践，研究者已经意识到，只有将其放在具体的历史情境中，用发展的视角把握领导力的层次，才能有效发挥校长领导力对学校改进的促进作用。

---

① Larry L. Distributed leadership. Research Roundup，2003（19）：1-5.

② 张爽. 中小学校长领导力研究. 北京师范大学博士学位论文，2008：48-49.

③ 转引自：王建. 立足学校改进，实现教育现代化. 中国教育报，2019-11-27（05）.

二、校长领导力的调查研究

校长作为学校的法人代表，依法履行领导和管理学校的职责，特别是《义务教育学校管理标准》中明确规定了校长应该履行保障学生平等权益、促进学生全面发展、引领教师专业进步、提升教育教学水平、营造和谐美丽环境、建设现代学校制度等6大管理职责。因此，研究如何提升校长领导和管理学校的能力，对于构建现代学校制度、提高学校治理能力都具有重要的意义。

校长领导力是一个需要在校长领导实践中不断丰富和完善的概念，本次调查采取自下而上的研究思路，通过在吉林长春某区、广东深圳某区等地的若干一线校长的一对一访谈，来探寻不同领导风格的校长在学校不同发展阶段对学校办学思想、管理重点和策略的共性和个性的特征，进而从促进教育管办评分离的角度，提出提升校长领导力的政策建议。

（一）校长具有领导、管理和教育的多种角色定位，从政策看，应从领导、管理和教育三个层面思考提升领导力的路径，不可偏废

1. 专业性是校长领导力的本质特征

《义务教育学校校长专业标准》中关于“校长是履行学校领导与管理工作职责的专业人员”的专业定位，与《小学教师专业标准（试行）》《中学教师专业标准（试行）》中所明确的“小学教师是履行小学教育工作职责的专业人员”及“中学教师是履行中学教育工作职责的专业人员”中的专业定位既相互联系，又有所区别。相联系的是，不论校长还是教师，都必须具备教育学科基本的理论知识和专业素养，并有一定的学科知识背景，可以从事教育教学活动。相区别的是教师的主要任务是教书育人，做好教学工作；而校长的主要任务是做好学校的领导和管理工作。校长的专业性还体现在校长需要掌握领导学和管理学的相关知识，对学校这一特殊的组织，通过计划、组织、协同、控制等管理环节，通过为学校树立发展的愿景，推进学校的组织变革等领导策略，实现学校的持续发展。因此，

校长理所当然地成了有自身职业特点的专业人员。

2. 校长专业性体现为领导、管理和教育的多重属性

校长的专业性不同于一般教师的专业性，承担着领导、管理和教育等多重职责，也就相应地具备了领导、管理和教育的属性。从领导的角度讲，校长作为学校的领导者，必须思考学校的办学理念和培养目标，从而在整体上引领学校发展的方向。例如，在实地调研中，大部分校长非常重视学校发展规划的制定，特别是对学校发展愿景，都有自己独特的思考，具备独特的办学思想是优秀校长必备的素质。从管理的角度看，校长领导力体现为校长规范管理学校的能力，即校长摆脱了传统的经验式管理方式，重视现代学校制度的建设，从制度上明确了学校管理的常规和流程，明确了各部门的职责定位，确保学校管理的有效运行。从教育的角度看，校长从事的也是育人的事业，必须懂得按教育的规律开展领导管理工作，必须研究教与学的关系，必须把为了学生的发展作为领导和管理学校的出发点和归宿点。因此，提升校长的领导力必须明确校长专业的多重属性特征，从领导、管理和教育多个视角研究提升校长领导力的路径和策略。

3. 校长职责定位和管理实践的冲突依然严重

校长作为一个专门的职业，实现职、责、权的统一是确保其正确履职的前提。我国中小学实行校长负责制，校长作为学校的法人代表，对外代表学校，对内进行管理，按照国家相关的政策法规，必须确保学校的办学自主权，落实好校长负责制。但在学校实际运行中，学校作为隶属于政府教育行政部门的事业单位，必须接受教育行政部门的管理，但从国家的政策导向看，教育行政部门对学校的管理应该更多的是在政策、标准、经费等方面进行宏观管理，具体的办学行为交给校长。但通过调研和实地访谈我们了解到，有的校长经常一天的工作都是应对各种检查评估，现实中教育行政部门各科室的事无巨细的管理、其他部门对学校工作的干预等分散了校长的时间和精力，使校长难以顾及学校内部的领导和管理。由此可以看出，现实中来自行政部门和社会过多的压力和影响，严重干扰了校长

正常领导和管理学校的专业行为，这既对校长领导力的提升提出了挑战，也提出了应从管办评分离的角度来思考提升校长领导力的具体路径。

（二）从实践看，校长领导力提升面临认识不清、法人意识不强、保障力度不足等困难

1. 校长对自主办学权的定位认识不清

笔者在实地调研中发现，有校长认为自己一点权力也没有，校长唯一的权力就是按照行政部门的要求，把相关工作落实好，教师由区里统一招聘，经费的使用也要层层上报审批，甚至连参加比赛的服装经费也要遵守教育局的规定，只能用来租服装不能买，校长在学校的办学中基本处于无权的地位，工作主要是每天落实好行政部门的各项要求。但也有校长认为自己有相当大的自主权，可以推动教师的专业成长，因地制宜地开展学校的课程教学改革，并争取政府对学校的支持，甚至可以向社会购买服务等。可见，要提升校长的领导力，就必须要让校长对校长的权力有一个清晰的认识，虽然权力并不必然带来校长领导力的提升，但必要的权力是提升校长领导和管理水平的合法依据和必要保证。

2. 校长的法人意识不强

法人是面向市场享有民事权利、独立承担民事责任的实体。笔者在调查中了解到，因受国家积极倡导学校建立现代学校制度等因素的影响，大部分学校成了独立的法人，有了单独的账户，可以享有相应的民事权利。但公办中小学因其办学的公益性，必然受到教育行政部门的管理，实地调研发现，一方面地方教育行政部门没有赋予已是法人的学校相应的办学自主权。有地方教育行政部门负责人明确表示，目前该区所有学校正在推进学校的法人制度建设，有的学校已经成为独立的法人，但是否是法人对学校的办学自主权影响不大，该申请报批的还得申请报批，经费使用依然有严格的限制等。另一方面，学校，特别是校长缺少自主办学的意识和能力。学校对教育行政部门的长期依赖，导致校长较少主动思考

学校的办学特色、学校发展规划等事关学校发展的大计，即使变成了独立的法人，校长要么无所适从，要么对行政部门的依赖形成了办学惰性，这些严重制约了校长领导力的提升，制约了校长推动学校改进的能力。因此，要提升校长的领导力，必须增强校长的法人意识和法人治校能力。

3. 校长领导力提升的保障力度不够

在实地采访中，有校长向我们介绍了办学的难处，认为学校作为社会生态系统中的一部分，其发展深受社会的影响，家长乃至社会通过网络等渠道给予了校长太多的压力，这在一定程度上干扰了校长对学校的领导和管理。因此，构建一个良好的教育生态系统，对校长依法行使职权就显得尤为重要。

三、校长领导力对学校改进的作用

校长及其他领导者是保证学校效能的主要角色，是资源的开发者（resource developer）、资源分配者（resource allocator）及管理者。他们要清楚地了解学校资源输入与教育输出的联系，并能决定什么资源对学校存亡及发展最关键；他们应尽全力开发及运用外来难得的资源，并恰当地予以分配，以支持有效的内在运作，创造高质量的学校成果。①

目前，我国教育管理改革的目标是推进管办评的相对分离，逐步实现教育治理体系和治理能力的现代化。校长要提升领导和管理学校的效能，必须在正确认识和处理政府、学校和社会的关系的基础上，使领导力得到有效的提升。

（一）政府简政放权，实行“清单管理”

党的十九大报告提出“建设人民满意的服务型政府”。而转变政府职能应该

① 郑燕祥. 教育范式转变——效能保证. 上海：上海教育出版社，2006：25

坚持权由法定，依法理顺政府与市场、社会的关系，依法明确政府职能，建设有限又有为的政府。必须坚持以人民为中心，持续深化改革，特别是要在继续推动经济均衡发展的基础上，保障和改善民生，在“幼有所育、学有所教、劳有所得、病有所医、老有所养、住有所居、弱有所扶”方面积极作为，推进人的全面发展和社会的全面进步。政府只有不断为人民提供高效、优质的公共服务，人民才会对政府的服务更满意。

近年来，各地政府以“自我革命”的勇气推进自身改革，普遍建立权力清单、责任清单和负面清单，明确规范职责权限，不断提高学校办学的活力。例如，青岛在实现“一校一章程”的基础上，制定、落实了三项清单，积极推动学校自主办学机制的建立。①落实下放学校权力清单，重点抓好副校长聘任、内部机构设置和中层干部聘任、财政性经费预算管理、招生和校企合作等2014年下放的四大方面、14项管理权限试点情况的阶段性评估，扩大试点范围。目前自主招生、干部教师选聘等方面的10项自主权基本在直属学校落实，所辖市北区等区市结合实际，对课时调整、教师选聘等权限进行了下放。②启动学校管理权限清单制度试点，借鉴行政审批制度改革等做法，要求学校对下放的自主管理权限、重大决策事项和涉及师生利益的事项（共30余项，学校可根据实际进行调整），逐项梳理依据和工作流程，明确办理机构和职责并向社会公布。其中，有关重大决策应符合公众参与、专家论证、风险评估、合法性审查、集体研究决定等程序，按规定需经校务委员会、教职工代表大会、家长委员会等讨论通过的事项，在校长办公会决策前，要组织召开相应的会议专门听取意见，推动学校管理权限依法、规范、公开运行。目前，学校管理权限清单制度正在青岛北区和8个直属学校试点。③制定底线管理清单，建立了“底线管理+特色发展”的学校办学绩效考核评价机制，强化了学校自主办学和改革创新导向，激发了学校自主办学和创新发展的积极性。

由此可见，提升校长领导力需要政府依法充分授权，给予校长自主办学空间，这是校长提升领导力的政治保障和坚实的基础。

（二）学校依法自主办学，提高学校治理能力

学校是办学的主体，校长是学校的领航人。在实地调研中笔者了解到，校长

要依法履行办学职责，首先要了解国家教育方面的政策导向。从国家教育法律的角度，学校自主管理的法律内涵主要呈现出以下几方面的特征：①以学校教学等方面的管理为核心；②承担人、财、物使用的权利而非提供的义务；③对政府教育行政部门负责。校长要在法律授权的基础上，依照学校章程来领导和管理学校，校长领导力也主要体现在教学管理等方面。

另外，校长领导和管理学校的能力还体现在日常管理的规范化和常态化上。2017 年印发的《义务教育学校管理标准》从保障学生平等权益、促进学生全面发展、引领教师专业进步、提升教育教学水平、营造和谐美丽环境、建设现代学校制度六个方面明确了义务教育学校的管理职责。为了进一步规范校长的领导行为，2013 年教育部印发的《义务教育学校校长专业标准》从规划学校发展、营造育人文化、领导课程教学、引领教师成长、优化内部管理、调试外部环境六方面对校长的领导和管理行为进行了规范。在实地调研中，吉林长春某区一校长在学校管理上还存在诸多困惑，如作为学校管理重点的课程管理，“课表目前只执行国家规定的课程，国家规定的课程过多，地方校本课程没有时间。而且课表动不了，学校没有课程调整自主权，即使整合了也达不到上级检查的要求，上级督导检查都是硬性的条条框框，行政干预的力量太强。学校没有办学自主权，都是执行上级的要求，目前仅执行国家规定的课程”。还有教师管理，本来教师交流是一项促进区域教育资源均衡的好政策，但在实际运行中仍有不适应的情况，如吉林长春某区一校长认为，“校长流动都是行政指令，没怎么征求校长的意见。这种流动不能太频繁，下一步是大学区流动，目前还不适应”。

因此，学校日常课程和教师的管理等对学校的规范化办学和教育质量提升都非常重要，这影响着校长领导力的提升，校长要善于进行课程领导，把国家课程、地方课程和校本课程有机结合起来，探索符合本学校特色的课程体系，必须善于激发和挖掘教师的潜力，提高学校的教学质量和效益。

（三）加强督导对学校的监督评价，助力校长领导力提升

1. 提升校长的人格魅力和奉献精神

提升校长的人格魅力和奉献精神，既取决于校长个人的学习和修炼，也与工

作环境中的人息息相关。责任督学挂牌督导作为国家教育督导的一项制度创新，直接规定了为区域内的每所学校配备1位责任督学，并对学校进行经常性督导。这意味着学校除了接受教育行政部门的直接管理外，还要接受责任督学的经常性监督和指导。首先，责任督学的工作方式和工作内容对校长管理学校的风格有直接影响。专职责任督学每日随机驻校督导是江苏某区经常性督导的运行模式，责任督学在每日工作中，对学校方方面面的工作进行检查，并当天给校长反馈。在访谈中，有校长对督学耐心、细致的敬业精神非常佩服，坦诚在细节管理方面需要求教于督学，如督学发现某小学“有部分学科的作业批改不规范，没有批改日期及等第，并且没有督促学生及时订正到位等”。责任督学注重细节管理的人格魅力和敬业精神与校长更注重从宏观上谋划学校的发展形成了良好的互补。其次，要帮助学校发现问题，及时整改落实到位。这种有错必改的监督机制也考验着校长的领导能力，被访谈的大部分校长一致认为，校长对督学的工作一开始是紧张和怀疑的，“狼来了”是学校对督学进校的形象表达，校长和督学的关系开始也一度紧张，但校长逐渐认识到，督学不是来指手画脚的，而是来帮助学校解决问题的，这种踏实的工作作风使校长和督学的关系从质疑走向了互相信任。督学和校长的伙伴关系逐步建立，校长的开放和包容意识也不断得到增强。最后，责任督学不计个人名利的工作态度也会深深感染校长。在访谈中，江苏某区责任督学认为，责任督学身份不明，职责不清，待遇无保障，完全是靠对教育事业的情怀在工作，校长没有理由不和责任督学一道共谋学校发展。

2. 拓展校长的管理视野

丰富的管理经验和管理策略是提升校长领导力的核心环节。责任督学大都是管理经验丰富的校级领导或教学专家出身，其更为熟悉国家和地方教育政策，更多从区域层面思考学校发展的问题，也通过督导不同类型的学校增长了见识。因此，责任督学就是校长咨询学校管理的宝库，校长在和督学的互动合作中开阔了视野，积累了经验，尝试应用督导的工具和方法管理学校，进而提高了校长常规管理学校的能力。首先，提高管理站位。《教育督导条例》要求督学必须具有10年以上从事教育管理、教学或研究工作的经历，江苏某区对专职责任督学的选拔则更为严格，18 位专职责任督学全部是从校长、书记岗位上脱离出来专门从事督学工作的，大部分督学具有多年的教学、管理工作经历，且有各自的学科背景。另外，督学的站位高还体现在对校长办学方向的指导上，如校长会邀请督学对学校发展三年规划进行指导，因为督学是一对一地驻校办公，对学校非常了解，这种指导，特别是对新任校长尽快形成自己的办学思路帮助很大。其次，丰富管理经验。具备丰富的教学和管理经验是做专职督学的必备条件。笔者通过对江苏某区督学的调研发现，专职督学大都是学校校级领导出身，学校管理经验丰富，对学校常规管理的重点和薄弱环节非常了解，往往能帮校长发现并解决很多管理问题，因此，其也被校长称为“编外管理者”和“学校工作指导员”。另外，因督学一般都负责责任区内的 4～5 所学校，可以给校长及时推介其他学校管理的亮点和经验，这也是督学工作受到校长普遍认可的重要原因。最后，借鉴管理方法。督学对学校的监督和指导都有规范的流程和方法，如江苏某区对每日驻校督导工作都规定了明确的流程，对每个主要时间节点的督导形式和督导任务都有规定，以避免督导的随意性。另外，在督导工作的每个环节，督学都有明确、简洁的评价指标及评分标准，对校长管理的反馈具有很强的针对性。这对校长加强对学校的常规管理有很大的指导意义。

3. 提升校长的管理绩效

校长要提高领导和管理学校的能力，在开阔视野、提高管理能力的基础上，还需要有实实在在的促进学校发展的业绩作为保证。这种结果导向的领导力促使校长转向校外寻求资源和支持，而责任督学就是用“第三只眼”来监督、指导学校的发展，督学可以在责任区内、责任区间搭建学校交流和师资共享的平台，可以在学校和家长的互动中为学校发展谋求社会资源的支持，进而为学校的发展保驾护航。首先，责任督学是沟通政府和学校的“润滑剂”。校长要依法依规办学，提高政策认识水平，责任督学代表政府依法监督学校，在对国家教育政策的理解和把握上有先天的优势，而督学在服务学校发展上与校长构成了合作的共同体，校长在与督学的合作中不断提高自身的政策认识水平，从而推进学校管理的规范化和常态化。此外，校长可以通过督学向政府反馈并督促其解决学校发展面临的难题，从而不断提高校长治理学校的能力和水平。其次，责任督学是连接学校和社会的“桥梁”。学校的发展离不开社会，校长的办学也有赖于社会各界的理解和支持。责任督学因其身份的特殊性，可以联合交通、卫生等相关部门的力量共谋学校的发展，如学校周边环境的治理，仅靠校长和学校的力量是不够的，校长通过责任督学联合城管等相关职能部门，可以快速有效地为学校创设一个安全的校外周边环境。最后，责任督学是沟通家长和学校的“纽带”。校长办学需要良好的社会生态，家长是这个生态中的重要一环，随着家长对学校办学的诉求越来越高，校长办学的压力也随之增大。责任督学作为家校连接的“纽带”，可以协助校长缓解家校矛盾，满足家长的合理诉求。例如，江苏某区专职督学每周都固定主动给家长打 10 个左右电话，了解学生学习等各方面的情况，成为缓解家校关系的“第一道防火墙”，这也有助于促使校长不断提高应急管理能力。

第二节　提高学生自主学习能力

学校改进旨在促进学生成长和全面发展，激发和培养学生持久学习的动力和能力。世界各国的学校改进研究与实践都不约而同地落实到学生的学习和成就上，如果不以此为目的，学校改进就会是徒劳无功和浪费时间的“瞎折腾”。[①]因此，研究学校改进，必须关注学生的学习，将增强学生的自主学习能力作为学校改进的落脚点。本节在梳理关于自主学习文献的基础上，通过对我国部分地区学生的自主学习状况进行问卷调查，来了解当前我国学生自主学习的现状、特点、存在的问题和改进的建议，以期从提高学生自主学习能力的视角找到我国学校改进的重点和方向。

① Hopkins D. School Improvement for Real. London：Routledge，2001：xii.

一、自主学习的研究进展

（一）自主学习的概念

国内外关于自主学习的术语很多，如自我调节学习（self-regulated learning）、自我计划学习（self-planned learning）、自我管理学习（self-managed learning）、自我监控学习（self-monitored learning）等。国外研究者大多用“自我调节学习”，而国内研究者使用“自主学习”的居多。国内采用自主学习概念时，对应的英文有“self-regulated learning”“autonomous learning”“independent learning”等。研究者对于自主学习尚没有形成统一的看法，有学者认为，自主学习就是指学生自己主宰自己的学习，其实质是独立学习。有学者认为，自主学习可分为三个方面：①对自己学习活动的事先计划和安排；②对自己实际学习活动的监察、评价、反馈；③对自己的学习活动进行调节、修正和控制。[①]有学者认为，自主学习具有能动性、反馈性、迁移性、有效性等特征[②]。

对于如何定义自主学习，国内外研究者至今没有形成统一的认识。以维果斯基（Vygotsky）为代表的维列鲁学派认为，自主学习本质上是一种言语的自我指导过程，是个体利用内部言语主动调节自己学习的过程。以斯金纳（Skinner）为代表的操作主义学派认为，自主学习本质上是一种操作性行为，它是基于外部奖赏或惩罚而做出的一种应答式反应，包括自我监控、自我指导和自我强化三个子过程。以班杜拉（Bandura）为代表的社会学习理论则从行为、环境、个体的内在因素三者之间的交互作用来解释自主学习，认为自主学习本质上是学生基于学习行为的预期、计划与行为现实的对比、评价来对学习进行调节和控制的过程，包括自我观察、自我判断和自我反应三个子过程。以弗拉维尔（Flavell）为代表的认知建构主义学派则认为，自主学习实质是对元认知监控的学习，是学生根据自己的学习能力、学习任务的要求，积极主动地调整学习策略和努力程度的过程，要求个体对为什么学习、能否学习、学习什么、如何学习等问题有自觉的意识和

---

① 庞维国. 论学生的自主学习. 华东师范大学学报（教育科学版），2001（2）：79.

② 董奇，周勇. 论学生学习的自我监控. 北京师范大学学报（社会科学版），1994（1）：8-14.

反应。①

20 世纪 90 年代以后，西方学者在综合上述几派观点的基础上，试图对自主学习做更为确切的界定，其中最具代表性的是齐莫曼（Zimmerman）的定义。齐莫曼认为，当学生在元认知、动机和行为三个方面都是一个积极的参与者时，其学习就是自主的。他进而又从学习动机、学习方法、学习时间、学习的行为表现、学习的物质环境、学习的社会性六个方面对自主学习的实质进行了解释，进而提出，自主学习是指“自主的（self-regulated）学生以对学习效率和学习技巧的反馈为基础，选择和运用自主学习策略，以获得渴望的学习结果”②。为使人们较为准确、直观地把握自主学习的含义，他提出了自主学习的六维研究框架（表 4-2）。

表 4-2　自主学习的研究框架

科学的问题	心理维度	任务条件	自主的性质	自主过程
为什么学	动机	选择参与	内在的或自我激发的	自我目标、自我效能、价值观、归因等
如何学	方法	选择方法	有计划或自动化的	策略使用、放松等
何时学	时间	控制时限	定时而有效的	时间计划和管理
学什么	学习结果	控制学习结果	对学习结果的自我意识	自我监控、自我判断、行为控制、意志等
在哪儿学	环境	控制物质环境	对物质环境的敏感和随机应变	选择、组织学习环境
和谁一起学	社会性	控制社会环境	对社会环境的敏感和随机应变	选择榜样、寻求帮助

齐莫曼认为，要确定学生的学习是否是自主学习，其主要依据的是研究框架的第三列，即任务条件。如果学生在该列的六个方面都能自主，那么他的学习就是完全的自主学习；如果学生在该列的六个方面都不能自主，那么他的学习就完全不是自主学习。但是，事实上，学生的学习状况一般介于两者之间，他们可能在某些方面是自主的，在某些方面是不自主的，即属于不完全的自主学习状态。

① Zimmerman B J，Risemberg R. Self-regulated dimensions of academic learning and motivation. In Phye G D. Handbook of Academic Learning. New York：Academic Press，1997：96-115.

② Zimmerman B J. Self-regulated learning and academic achievement：An overview. Educational Psychologist，1990，25（1）：3-17.

我国对自主学习的研究主要集中在教育心理学领域。学者庞维国从横向和纵向两个角度对自主学习进行了阐述，横向角度是指从学习的各个方面或维度来综合界定自主学习，纵向角度指从学习的整个过程来阐述自主学习的实质，并将“自主学习”概括为：建立在自我意识发展基础上的“能学”；建立在具有内在学习动机基础上的“想学”；建立在掌握一定学习策略基础上的“会学”；建立在意志努力基础上的“坚持学”。实际上，学习涉及六个方面问题：“为什么学”“学什么”“如何学”“何时学”“在哪儿学”“和谁一起学”。[①②]

可以看出，这种从横向和纵向角度对自主学习的理解并没有脱离齐莫曼所提出的自主学习的研究框架，只是分析角度有差异。因此，本书基于齐莫曼的经典定义，将自主学习界定为：当学习者对自己的学习动机、学习方法、学习时间、学习过程、学习结果、学习环境等方面都能自觉及主动地选择、调节和控制时，其学习就是自主学习。与上述界定相一致，我们编制的自主学习问卷包括六个维度：①学习动机维度；②学习方法维度；③学习时间维度；④学习过程维度；⑤学习结果维度；⑥学习环境维度。

（二）自主学习的影响因素

自主学习作为一种学习过程，既需要内在的必要条件，也需要外部的支持，是学习者与外部环境相互影响的结果。因此，影响自主学习的因素既有来自个体内部的，也有来自个体外部的。

1. 影响自主学习的内部因素

目前，研究者最为关注的是自我效能感、归因、目标设置、认知策略、元认知策略、意志水平、性别角色等因素在自主学习中所起的作用。

1）自我效能感

自我效能感是著名心理学家班杜拉提出的一个概念。他认为，自我效能感是

---

① 庞维国. 自主学习——学与教的原理与策略. 上海：华东师范大学出版社，2003：15.

② 张丽华，刘晟楠，王宇. 大学生自主学习的心理结构及发展特点研究. 大连理工大学学报（社会科学版），2005（1）：16-20.

指个人对自身完成既定行为目标所需的行动过程的组织和执行能力的判断[①]，即当个体面临一项任务时，有多大的自信认为自己能够完成这项任务。对学生而言，自我效能感指学生对自己是否有能力完成某项学习任务的信心。

2）归因倾向

这个概念是社会心理学家海德（Heider）提出的，是指个体对自己或他人的社会行为结果进行推断和解释原因的过程。[②]归因是个体对自己的成功或失败所做出的因果解释。20 世纪 80 年代，韦纳（Weiner）提出了成败归因的模型，他认为人们往往把成败归因于四类因素，即能力、努力、任务难度和运气。其中，努力和能力属于内在因素，将原因归结为内在因素叫内部归因；任务难度和运气属于外部因素，将原因归结为外部因素叫外部归因。[③]

3）期望目标

所谓期望目标，是学生对其学习结果的预期，它对学习动机起着强化和调解的作用。从期望目标的获得方式看，可以将其分为三类目标：第一类是由指导者给予的指定性目标；第二类是指导者与学习者共同商定的目标；第三类是学习者自己确定的目标。[④]

4）认知策略的获得

认知策略是学习者用以支配自己的心智加工过程的内部组织起来的技能[⑤]，掌握一定的认知策略后，学习者可以根据特定学习任务，自主选择有效的策略，进而提高认知学习的效率。

5）元认知发展水平

从发生学的角度看，自主学习是在自我意识之后出现的，但在现代认知心理学中，自我意识大致等同于元认知。弗拉维尔提出了元认知的概念。元认知是认知主体对自身心理状态、能力、任务目标、认知策略等方面的认知，又是认知主

① 吴国来. 自我效能感理论及其在教育领域的延伸. 河北大学成人教育学院学报，2000（3）：14-17.
② 转引自：刘诚芳. 学生学业归因倾向分析. 西南民族学院学报（哲学社会科学版），1998（S6）：116-119.
③ 转引自：杨心德. 初中学生的成败归因的初步研究. 心理科学，1987（6）：49-51.
④ 郑金洲. 自主学习. 福州：福建教育出版社，2005：100-101.
⑤ 刘电芝. 学习策略的实质. 宁波大学学报（教育科学版），2000（1）：18-20.

体对自身各种认知活动的计划、监控和调节。元认知主要包括元认知知识、元认知体验和元认知监控三个成分，它们相互联系、密不可分。[①]

6）性别角色

很多研究表明，自主学习中存在性别差异，男生和女生在课堂中的直觉和经验、反馈和期望、学习策略等方面存在差异。

2. 影响自主学习的外部因素

影响自主学习的外部因素包括学校教育、家庭因素和社会文化因素。学校教育的教学模式、教材内容组织、课堂管理方式、同辈群体等都会对自主学习产生影响。家庭中父母的教育方式必然会通过影响学生的自律水平进而影响他们的自主学习。不同文化背景下的学生，其自主学习也具有明显不同的特征。

二、初中生自主学习的现状调查

自主学习是自主的学生以对学习效率和学习技巧的反馈为基础，选择和运用自主学习策略，以获得渴望的学习结果。提高学生的自主学习能力是落实《国家中长期教育改革和发展规划纲要（2010—2020 年）》中提出的“能力为重”、培养学生学习能力的前提和保证。如何引导学生树立主体意识和独立人格，使其成为能够自主学习、自我发展的个人，成为我国教育现代化过程中必须面对的重要课题。由于初中阶段是学生形成自主学习的关键时期，本次对初中生的自主学习开展调查，不仅可以了解目前初中生自主学习的现状，而且可以探索影响初中生自主学习的主要因素，为在新课程改革中以培养初中生自主学习能力为目的开展教学实践提供参考。

① 陆学政. 基于“元认知”的正弦定理教学. 中学数学（高中版），2013（11）：6-8.

（一）研究方法

1. 研究对象

本次研究采用随机抽样的方法，在北京某区、山东某市和河南某县的初一和初二年级选取被试。综合考虑学校质量和学校位置，分两次进行测量。第一次测量数据用于试测，以修订和完善问卷，共发放问卷 320 份，剔除无效问卷 18 份，回收有效问卷 302 份，问卷有效率为 94.4%。第二次测量数据用于实测，分析目前三地初中生自主学习的状况和相关因素，共发放问卷 731 份，剔除无效问卷 28 份，共回收有效问卷 703 份，问卷有效率为 96.2%。第二次测量的被试基本情况如表 4-3 所示。

表 4-3　实测被试基本情况

地区	项目	性别		年级		学校所在地		
		男	女	初一	初二	城市	县镇	农村
北京某区	人数/人	95	116	105	106	211		
	比例/%	45.0	55.0	49.8	50.2	100		
河南某县	人数/人	129	163	144	148	5	191	96
	比例/%	44.2	55.8	49.3	50.7	1.7	65.4	32.9
山东某市	人数/人	74	126	60	140	75	123	2
	比例/%	37.0	63.0	30.0	70.0	37.5	61.5	1.0

2. 研究工具

1）初步编制“初中生学习状况调查问卷”

本次研究考虑到初中生身心发展特点和教育规律，在参考 Weinstein 的高中生学习策略量表（Learning and Study Strategies Inventory for High School，LASSI-HS）等已有量表的基础上，围绕自主学习的内涵，编制了“初中生学习状况调查问卷”。该问卷初始设计 62 道题目，共分学习动机、学习方法、学习时间、学习过程、学习结果、学习环境 6 个维度。问卷采用利克特 5 点记分，部分题目采用反向记分。正向题按照“从不这样”“很少这样”“有时这样”“经常这样”到“总是这样”，依次给予 1 到 5 分，反向题反之。被试得分越高，表明其自主学习能力越好。

2）修订、完善“初中生学习状况调查问卷”

依据第一次测量所得数据，通过项目分析、因素分析、信度和效度分析等方法，确定问卷的分析维度和题目。

（1）项目分析。对回收的数据进行项目的区分度分析。通过题项分析求出个别题项的临界比率值——CR 值，来确定初中生学习状况调查问卷中各个题项的显著性水平，将不显著的题项删除。根据 CR 值，将条目由低到高排序，前 27%为低分组，后 27%为高分组，以独立样本 t 检验来检验两组在题项上的差异。从决断值的指标来看，题项 10、46、54、59、60 不具有鉴别度，需删除；题项 6、11、32、55 的 t 值虽达到显著性水平，但其检验统计量甚低（t 均小于 3），也予以删除。

（2）因素分析。KMO 值为 0.942，说明变量之间的共同因素比较多，适合做因素分析。巴特利球形检验统计量为 7480.57，p= 0.000，可认为相关系数矩阵与单位阵有显著差异，可以做因素分析。

通过 5 次因素分析，依据各题项在各因子上的解释度，同时参考题项内容，最后确定了学习动机、学习策略、学习监控和学习评价 4 个维度，共 39 个题目。

（3）信度、效度分析。信度分析是指对因素分析后剩余的题目进行信度考察，Cronbach's α 系数为 0.954，Spearman-Brown 分半系数为 0.941。四个分量表的 Cronbach's α 系数分别为 0.641、0.926、0.927、0.646，Spearman- Brown 分半系数分别为 0.643、0.917、0.922、0.608。结果表明，本问卷的内部一致性系数和分半信度值都比较高，表明量表信度较好。

效度分析，即通过检验分量表得分与量表总分的相关，作为衡量评定量表效度的指标，四因子与总量表的相关系数分别为 0.796、0.915、0.916、0.521；各分量表的相关系数为 0.372～0.818，分量表的相关系数低于与总分的相关系数，表明量表的结构效度依旧较高。

3. 研究过程

修订和完善“初中生学习状况调查问卷”后进行了第二次问卷测量，在北京市某区、山东省某市和河南省某县发放问卷 731 份，共收回有效问卷 703 份。本次调查以这些数据来分析三地初中生的自主学习状况和相关因素。

1）信度分析

修订后的量表的 Cronbach's α 系数为 0.941，Spearman-Brown 分半系数为 0.907。四个分量表的 Cronbach's α 系数数分别为 0.622、0.898、0.897、0.601，Spearman-Brown 分半系数分别为 0.628、0.888、0.885、0.553，表明量表信度较好。

2）效度分析

本次研究通过探索性因素分析验证量表的 4 因子结构，通过检验分量表得分与量表总分的相关，作为衡量评定量表效度的指标。四因子与总量表的相关系数分别为 0.800、0.935、0.941、0.428，表明量表的结构效度较好。

（二）研究结果

以下研究结论仅由北京某区、山东某市和河南某县三地抽取部分初中所得，不宜做一般意义上的推广。

1. 初中生自主学习总体处于中等偏上水平

从表 4-4 可以看出，初中生自主学习量表总平均分为 128.90 分，而量表理论上的得分为 39～195 分，量表理论平均分为 117 分，可以看出，三地初中生自主学习总体处于中等偏上水平。分维度来看，学习动机等 4 个维度的平均分为 3.155～3.509 分，也均位于中等偏上水平，自主学习能力各维度排名从高到低依次是学习监控、学习评价、学习动机、学习策略。

表 4-4 初中生自主学习总体水平（*N*=703）

项目	*M*	*SD*
学习动机	3.18	0.65
学习策略	3.16	0.71
学习监控	3.51	0.71
学习评价	3.40	0.78
量表总分	128.90	23.94

2. 学习动机、学习策略、学习监控和学习评价不存在显著的性别差异

从表 4-5 可以看出，女生自主学习的总平均分虽高于男生，但男生、女生的自主学习水平不存在显著差异（$p>0.05$）。男生的学习动机和学习评价平均分高于女生，女生的学习策略和学习监控平均分高于男生，但男生和女生在四个维度上均不存在显著差异。

表 4-5 初中生自主学习状况的性别差异

项目	男生（*n*=298）	女生（*n*=405）	*p*
	M±*SD*	*M*±*SD*	
学习动机	3.20±0.66	3.17±0.64	0.534
学习策略	3.13±0.73	3.17±0.70	0.475
学习监控	3.45±0.74	3.54±0.67	0.086
学习评价	3.43±0.80	3.38±0.76	0.203
量表总分	127.93±25.03	129.61±23.11	0.363

3. 学习动机、学习策略、学习监控和学习评价不存在显著的学段差异

从表 4-6 可以看出，初一年级学生的自主学习总平均分和各维度上的平均得分虽均高于初二年级学生，但两个年级的自主学习总得分及各维度上的得分均不存在显著差异（$p>0.05$）。

表 4-6 初中生自主学习状况的年级差异

项目	初一（n=309）	初二（n=394）	p
	$M\pm SD$	$M\pm SD$	
学习动机	3.22±0.644	3.15±0.65	0.876
学习策略	3.18±0.70	3.14±0.73	0.696
学习监控	3.56±0.69	3.47±0.72	0.356
学习评价	3.41±0.78	3.39±0.78	0.941
量表总分	130.21±23.57	127.86±24.21	0.768

4. 学习动机、学习策略、学习监控和学习评价存在显著的城乡差异

从表 4-7 可以看出，学生的自主学习水平方面存在显著的城乡差异。县镇学校学生在学习动机、学习策略、学习监控和学习评价方面的平均得分均高于城市和农村学生，农村学校学生得分最低。经过 Scheffe 多重比较得知，城市和县镇学生的学习动机、学习策略、学习监控和学习评价不存在显著差异（$p>0.05$）；城市和农村、县镇和农村学生的学习动机、学习策略、学习监控和学习评价均存在显著差异（$p<0.05$）。

表 4-7 初中生自主学习状况的城乡差异

项目	城市（$M\pm SD$）	县镇（$M\pm SD$）	农村（$M\pm SD$）	p	多重比较（Scheffe）
学习动机	3.19±0.61	3.26±0.65	2.92±0.67	0.000	$p_{城市县镇}$=0.389 $p_{城市农村}$=0.002 $p_{县镇农村}$=0.00
学习策略	3.07±0.67	3.27±0.72	2.73±0.68	0.000	$p_{城市县镇}$=0.181 $p_{城市农村}$=0.00 $p_{县镇农村}$=0.00
学习监控	3.53±0.65	3.61±0.72	3.14±0.72	0.000	$p_{城市县镇}$=0.348 $p_{城市农村}$=0.00 $p_{县镇农村}$=0.00
学习评价	3.43±0.70	3.44±0.81	3.09±0.87	0.016	$p_{城市县镇}$=0.994 $p_{城市农村}$=0.030 $p_{县镇农村}$=0.023

5. 学习动机、学习策略和学习监控存在显著的学校差异

从表4-8可以看出，不同办学质量学校的学生在学习动机、学习策略和学习监控上存在显著差异（$p<0.05$），在学习评价上不存在显著差异（$p>0.05$）。办学质量处于前列的学校的学生在学习动机、学习策略和学习监控上的平均得分都高于办学质量较低的学校的学生，办学质量处于中下的学校的学生学习动机、学习策略和学习监控的平均得分最低。经过Scheffe多重比较可知（表4-9），在学习动机上，办学质量处于前列的学校学生和处于中下的学校学生、办学质量处于中上的学校学生和办学质量处于中下的学校学生存在显著差异（$p<0.05$）；在学习策略上，办学质量处于前列的学校学生与办学质量处于中上的学校学生和办学质量处于中等的学校学生均呈现显著的差异（$p<0.05$）；在学习监控上，办学质量处于前列的学校学生与办学质量处于中等的学校学生存在显著差异（$p<0.05$）。

表4-8 初中生自主学习状况的学校差异

项目	前列（n=385）	中上（n=170）	中等（n=123）	中下（n=15）	末尾（n=10）	p
	$M\pm SD$	$M\pm SD$	$M\pm SD$	$M\pm SD$	$M\pm SD$	
学习动机	3.25±0.65	3.15±0.65	3.10±0.57	2.58±0.62	2.96±0.72	0.000
学习策略	3.28±0.70	3.06±0.73	2.97±0.63	2.74±0.85	2.98±0.78	0.000
学习监控	3.62±0.69	3.43±0.74	3.31±0.63	3.25±0.66	3.26±0.89	0.000
学习评价	3.43±0.79	3.37±0.78	3.30±0.73	3.37±0.64	3.6±1.07	0.467

表4-9 初中生自主学习状况学校差异的Scheffe多重比较结果

项目		中上（n=170）	中等（n=123）	中下（n=15）	末尾（n=10）
学习动机	前列	0.560	0.277	0.004	0.728
	中上		0.982	0.029	0.933
	中等			0.067	0.977
	中下				0.722
学习策略	前列	0.032	0.002	0.082	0.786
	中上		0.872	0.575	0.998

续表

项目		中上（n=170）	中等（n=123）	中下（n=15）	末尾（n=10）
学习策略	中等			0.839	1
	中下				0.953
学习监控	前列	0.059	0.001	0.393	0.628
	中上		0.743	0.925	0.970
	中等			0.999	1
	中下				1

注：表内数据为 p 值

6. 三地学生在自主学习策略上差异显著

如表 4-10 所示，三地学生在学习策略上存在显著差异（$p<0.05$），在其他维度上不存在显著差异。北京某区学生的学习动机和学习评价维度平均得分在三地中最高；山东某市学生在学习策略和学习监控维度上的平均得分均于其他地区。经过 Scheffe 多重比较得知，山东某市和河南某县两地学生的学习策略存在显著差异（$p<0.05$），而北京某区和山东某市、北京某区和河南某县的学生在学习策略上不存在显著差异（$p>0.05$）。

表 4-10　初中生自主学习状况的地区差异

项目	北京某区（$M \pm SD$）	山东某市（$M \pm SD$）	河南某县（$M \pm SD$）	p	多重比较（Scheffe）
学习动机	3.23±0.62	3.14±0.61	3.17±0.69	0.312	
学习策略	3.15±0.68	3.30±0.66	3.06±0.76	0.001	$p_{\text{山东某市河南某县}}=0.001$ $p_{\text{北京某区山东某市}}=0.089$ $p_{\text{北京某区河南某县}}=0.388$
学习监控	3.53±0.65	3.59±0.66	3.44±0.76	0.058	
学习评价	3.46±0.67	3.36±0.78	3.38±0.85	0.373	

三、我国初中学生自主学习存在的问题和原因分析

（一）初中生自主学习各维度发展不平衡，自主学习能力有待进一步提高

在本次调查中，初中生的自主学习处于中等偏上水平，且他们在自主学习各个维度上的得分均在3分以上，表明其自主学习能力呈现出良好的发展趋势。在自主学习的各维度中，学习监控的得分最高，学习评价次之，反映出目前初中生非常重视对学习过程的监控和评价，这是因为学生的学习必然要经过一个从“要我学”到“我要学”的发展过程，在这个过程中，学生的自我意识逐步增强，学生对自己学习活动的独立监控、评价日益增多，其在学生自主学习中逐步发挥主导作用。一般来说，在学习过程中，学生获得的学习经验越多，就越能明确地指导、监控和调节自己的学习过程。本调查中学生在学习监控和学习评价方面的突出表现也表明其是自主学习能力提高的重要因素之一。但同时本次调查也发现，和已有的研究结论相一致，初中生在学习动机和学习策略方面的得分还比较低，这是影响初中生自主学习能力发展的关键所在。[①]这也与他们的年龄特征有关，特别是初一学生，他们刚从小学升入初中，学习的自觉性和主动性还不够强，也未能及时调整学习方法以适应初中的学习安排，这就必然会导致被动学习和自主学习能力降低。因此，激发初中生的学习动机、使其掌握适应初中学习内容的学习策略是当前教师和家长应迫切关注的问题。

（二）男生的自主学习能力有待进一步提高

本次调查发现，自主学习能力不存在显著的性别差异，但男生的自主学习总得分低于女生。这也和田澜、田惠的相关研究发现相一致。[②]对这种现象并不难理解，在初中阶段，女生的学习态度、学习方法和自我调节相对稳定，这是符合

① 陈丽君，张庆林. 中学生主体性调查问卷全国常模的建立. 心理科学，2001（4）：482-483.

② 田澜，田惠. 中学生学习自主性的现状调查. 教育测量与评价（理论版），2011（3）：36-39.

其生理、心理发展特点的，而男生却存在很多不稳定的因素，涉及学习策略、学习监控等。已有的对初中生生理和心理特点的科学研究表明，男生在这些方面的发展确实滞后于女生，并且这种“阴盛阳衰”的态势要持续到高中阶段才会有根本性的转变，这个现象也被无数调查所验证。此外，随着现代家庭教育观念的转变，不论男孩还是女孩，家长都很重视孩子，重视对孩子自主学习能力的培养，加上女孩在这个阶段的心理和生理优势，其自主学习能力在初中时高于男生就顺理成章了。

（三）初中生自主学习能力随年级的升高而降低

本次调查发现，虽然初中生自主学习能力不存在显著的年级差异，但初一学生自主学习的总得分及各维度上的得分均高于初二学生。这也与已有大多数的研究结果相一致。[①]可以从以下方面对此进行解释：①初一的学习内容相对少且简单，学生对学习策略的选择和监控也相对容易，因此初一学生在各项上的得分也相对较高；②初一学生由于刚刚升入初中，进入一个新环境，开始倾向于给老师留下一个好印象，在一定程度上收敛了自己的不良学习行为，加之其对新知识好奇，往往受外部环境影响的学习动机较强；③初二学生面临着学习内容难度的增加和中考压力的加大，选择学习策略和监控学习行为的难度都增加，学习焦虑也在一定程度上消磨了学生的学习动机，这都对初二学生自主学习能力的提高造成了不利影响，因此，在自主学习能力方面，初二学生是需要重点关注的一个群体。

（四）农村学生自主学习能力最低，各方面均需进一步提升

本次调查发现，初中生的自主学习动机、学习策略、学习监控和学习评价存在显著的城乡差异，其中，城市和县镇学校学生的自主学习不存在显著差异，城市、县镇学校和农村学校学生的自主学习能力及在各维度上的得分均呈现出显著

① 单志艳. 中学生自主学习状况的调查研究. 教育科学研究，2004（11）：26-29.

差异，即农村学校学生的自主学习能力水平最低。这可以从学校教学质量、师资水平、教育理念、教学方法及学校文化氛围等多方面进行分析。一般而言，相对于农村学校，城市和县镇学校往往是教育行政部门关注与发展的重点，经过多年的文化积淀，校长的理念往往比较先进，学校的师资水平和教学方法等也优于农村学校，在关注学生成绩的同时，注重培养学生学习的主动性和积极性及让学生养成良好的行为习惯，而这些都是学生自主学习能力发展的基础。相反，农村学校教师由于各方面因素的限制，往往进行填鸭式教学，更多关注学生的学习成绩而非学习过程和学习方法，导致学生被动学习的现象严重，因而农村学校学生的自主学习能力不足。因此，在我国推进义务教育均衡发展的大背景下，在关注城乡学校标准化建设的同时，应更多地将目光转向农村教师素质的提升和学生自主学习能力的提高，这也应是缩小城乡教育差距，实现城乡教育一体化发展的出发点和落脚点。

（五）自主学习策略存在显著的地区差异

本次调查发现，三地学生的自主学习策略存在显著差异，具体而言，山东某市和河南某县两地学生的学习策略存在显著差异。这可能是因为山东某市历来有重视教育的传统，家长也比较重视对子女的教育，从小就注重培养孩子的自主学习能力。河南某县作为人口大县，农村人口居多，学校大班额现象也比较严重，教师无法关注到每一个学生的学习，无法深入细致地指导每一个学生的学习策略。当然，造成这种显著差异也与这次的取样有关系，山东某市的大部分学生样本集中在县镇，而河南某县有近 1/3 的学生样本来自农村，农村学生的学习策略得分一般低于县镇学生，因此，这也在一定程度上拉低了河南某县学生的学习策略得分。

四、未来我国学生自主学习的思考与建议

自主学习是一个多层次复杂的系统，是一种动机性、策略性和调节性较强的

学习方式。自主学习能力的培养是学生自己自觉主动建构的过程，这个过程涉及激发学习动机、寻找适合自己的学习策略、监控学习过程及评价学习结果等环节，受到学校教育及家长教育等多种因素的影响。针对本次调查的问题，本部分从宏观、中观和微观三个层面提出提升学生自主学习能力的建议。

（一）义务教育均衡发展的重点应逐步转向关注农村教师和学生

推行义务教育均衡发展已上升为国家政策，国家通过实施学校标准化建设、农村薄弱学校改造等一系列工程项目，使农村学校的办学条件得到了极大的改善和提高，城乡学校办学条件的差距明显缩小。目前，国家也正在稳步推进县域义务教育发展基本均衡县的评估认定工作，义务教育均衡发展取得明显成效。同时，我们也应该清醒地认识到，义务教育均衡发展是一个长期的、动态的过程，义务教育均衡发展的城乡差距、区域差距的问题依然突出。当然，这些问题由以前从办学条件的差距逐步转向师资、管理等软件的差距，这也是本次调查得出的学生自主学习能力存在显著的城乡差距的主要外部原因。因此，要提升农村学生的自主学习能力，在改善农村学校办学条件的前提下，应更多地改善农村教育发展的软环境。首先，义务教育均衡发展的重点应从关注“硬件”转向关注“软件”，义务教育均衡发展的各项政策措施、经费投入和师资配备应重点向中西部农村地区倾斜，优先保障农村地区，特别是村小和教学点开齐开足国家规定的课程，并不断提高课程开设的质量。其次，通过实施“国培”计划、“省培”计划、免费师范生及教师轮岗交流政策，尽快提高农村教师的素质和教学水平，提高农村课程教学质量。最后，实施好农村课程教学改革，积极倡导启发式、参与式等教学方式和自主探究式学习，改变传统的教师教、学生听的教学方式，搭建师生对话平台，构建学生学习共同体，这是提升农村学生的自主学习能力、提高农村教育质量的有效途径。

（二）学校教师自主教学，创设宽松、民主的学习环境

本次调查发现，优质学校和普通学校学生之间的自主学习能力差距显著，这

在很大程度上是由学校的办学理念、教学方式及管理氛围等因素造成的。因此，要提升普通学校学生的自主学习能力，一是要注重引导教师根据学校的办学定位开展自主教学，即针对学生的身心发展特点和学习特点，有针对性地对学生的学习进行指导，如普通学校教师不要以重点学校的标准、过度追求升学率，而更应关注学生学业进步和自主学习能力的培养。这种自主教学无疑对教师提出了更高的要求，教师应通过教研互动、合作交流等多种方式开拓视野，不断提高自主教学的能力和水平。二是学校要注重创设适合学生开展自主学习的宽松、民主的学习环境。齐莫曼等为宽松、民主的课堂氛围提出了一系列指标，包括“安全的学校和教室环境，学生之间以及师生之间的宽容、尊重与合作氛围；学生之间和谐的人际关系；教室教学方式富有启发性和创造性；课堂上学生积极的表现；学生之间合理的竞争；教学重点、难点明确；有秩序的课堂组织结构”①。民主、宽松的学习环境强调师生的互动、合作和交流，在互动中激发学生的自主学习动机，鼓励学生制订适合自己的学习计划并监控自己的学习过程，把学习的主动权还给学生，充分尊重学生学习的主体地位，以促进学生自主学习能力的提高。

（三）父母要扮演好角色，树立正确的教养方式

学生的自主调节能力会在具有奉献精神和共同目标的社会环境中自然地产生，如在家庭或有效能的学校中。因此，家庭是培养学生自主学习能力的主要场所之一。父母是孩子的第一任老师，在学生自主学习能力培养的过程中具有不可替代的作用，学生自我激发的动机最初来自父母的期望，学生学习策略的学习也需要父母循序渐进地加以引导。具体而言，父母应在以下方面扮演好角色：①引导孩子形成适合自己的系统的学习方法，即使成绩优秀的学生也会浪费学习时间，阅读和记笔记缺乏效率，也会经常随便地准备考试，学习缺乏系统性，父母帮助孩子形成其自己的学习方法体系显得尤为重要。②引导孩子在学习过程中

① Ridely D S，Walther B. 自主课堂——积极的课堂环境的作用. 沈湘秦，译. 北京：中国轻工业出版社，2001.

进行自我监控和自我评价。学生是学习的主体，父母只能引导而不能代替孩子的学习，父母应帮助孩子确立有规律的时间表，使孩子独立完成家庭作业和自我记录，协助孩子对学习过程进行自我观察和自我评价。③创设有利于孩子学习的良好的家庭环境，并随时注意孩子学习过程中的点滴进步，并及时给予鼓励。

自主学习既是一种学习方式，也是一种学习品性。“我们今天应该把重点放在教育与学习过程的‘自学’原则上，而不是放在传统教育学的教学原则上。”①在当今国际化和信息化的大背景下，“教会学生学习”对每一个学生而言显得尤为重要，也是每一个教育工作者必须认真思考的问题。

第三节　教师交流助推教师专业成长

教师对学校改进发挥着重要的作用。学校改进中的教师发展可以从区域和学校两个层面来认识。学校层面体现为教师个人或群体的专业成长，区域层面体现为通过教师交流等方式实现区域内学校间教师资源的均衡配置，实现区域内所有学校教师在专业上的共同进步。由于我国义务教育的政策目标是实现县域内义务教育的均衡发展，而实施教师交流政策是推动义务教育均衡发展的重要举措之一。因此，从区域层面看，科学合理地推动教师的交流轮岗，对于实现区域内所有学校的整体改进意义重大。基于此考虑，本部分重点从教师交流的角度来考察其对区域学校整体改进的价值，了解国际教师交流的研究进展，并对我国目前实施的教师交流政策进行政策和案例研究，在此基础上，基于学校改进的目的，提出完善教师交流政策的建议。

① 联合国教科文组织国际教育发展委员会. 学会生存——教育世界的今天和明天. 华东师范大学比较教育研究所，译. 北京：教育科学出版社，1996.

一、教师交流政策的研究进展

保障学校教师的供给数量和质量是各国推进教师交流的政策初衷。1966 年 10 月 5 日，在巴黎召开的教师地位与政府间特别会议上，与会者达成了共识，《关于教师地位的建议》报告中对教师交流、培训、工资及偏远地区教师的补贴等都做出了详细的规定。然而，时至今日，在世界许多地区，贫穷和与健康及教育相关的不平等仍然是主要挑战。在世界许多国家，教师的供应不能满足需求，吸引年轻或成熟的人从事教师行业是一个巨大的挑战。在这种情况下，教师已不再拥有尊严、稳定和可靠的工作和生活，学校和教师助人缓解贫困的能力被大大限制了。虽然世界一些地区的小学教师的地位有所提升，但数以百万计的教师的工作环境依然让人震惊。①因此，通过采取教师交流轮岗等措施，可以缓解区域之间、城乡之间、学校之间教师供给能力的差异，对于一定区域内的学校改进具有非常重要的现实意义。

（一）国际教师交流政策的研究基础

教师流动的英文是“teacher mobility”，也有的文献用的是“teacher movement”，还有的用“teacher turnover”来表达。总体而言，根据英文单词的意思，外文文献中的教师流动是指教师的移动，既包括地理位置的转变，也包括社会关系、社会角色的变化。与之相关的概念还有“teacher attrition”，它指的是合格教师的流失。

国外学者往往将教师流动视为人力资本市场中人事流动在教育行业的一种具体体现，是根据人力资本市场中的供求关系、受金钱或非金钱利益驱动而自主进行的教师资源调配行为。②也有学者认为，教师流动现象是在社会、心理、经

① Moon B. Research Analysis：Attracting，Developing and Retaining Effective Teachers：A Global Overview of Current Policies and Practices. Paris：UNESCO，2007.

② Greenberg D，McCall J. Theories of Teacher Mobility. A Report Prepared for the Office of Education，Washington，1973：1-13.

济甚至纯偶然非理性因素作用下产生的一种复杂现象，需要政策制定者、教育机构、社会力量、学区与学校、教育研究者等多方角色共同影响和干预。[①]总之，教育资源的调配与优化过程是教师流动的基本内涵，而这一过程受文化与意识形态的影响，在相应的市场、政策和个人与外界因素的作用下，会形成不同的运行态势。教师流动在本质上具有社会人力资本流动的基本特性，基于此，西方学者较为普遍地将经济学领域的人力市场供求关系理论、内部人力市场理论和人力资本理论作为教师流动的理论根基。[②]

美国最近对教师的招聘和保留问题进行了系统的评价研究。研究结果表明，相对于可供选择的就业机会，好教师的供给依靠教师职业的吸引力。这项研究的兴趣在于强调构成总补偿金的一系列复杂变量。在美国，它提供了一个分析教师招聘和保留问题的通用模型。工资固然重要，但也与工作条件、职业发展支持等其他问题有关系。这项研究的一个观点是美国政府的教师干预政策可能没有充分考虑这些问题的相互作用。然而，英格索兰（Ingersoll）认为，美国的主要问题是由于教师过早离开教师职业，而不是教师职业的“老龄化”或招生数增加的问题。

国际组织，如 OECD 教育局在 2002—2005 年进行了主题为“吸引、培养和留任合格教师”的研究，目前有关吸引、培训和留任合格教师的政策和实践方兴未艾。在欧洲，教师招聘受众多复杂因素的交互影响。经济水平的提高能为教师供给提供更多的机会，以知识为基础的部门的招聘越来越有吸引力（特别是在工资方面）。也有相反的情况，在德国和法国，教师的公务员身份能够抵御跌宕起伏的经济运行周期的影响。在英格兰，在中学阶段，需要进行直接的资助激励以避免危机。在英格兰和大部分欧洲国家，小学教师的培训成为大学义不容辞的责任。教师供给和保留方面的一个“亮点”是小学教师的地位呈上升态势。然而，更多地研究影响小学和中学教师供应的因素，对于教师教育政策的发展是至关重要的。

---

① Guarino C M，Santibanez L，Daley G A. Teacher recruitment and retention：A review of the recent empirical literature. Review of Education Research，2006，76（2）：173-208.

② 李玲，韩玉梅. 西方国家中小学教师流动的经验与启示. 比较教育研究，2011（11）：1-5.

（二）国际教师交流的政策内容

国际上许多国家的教师教育面临的主要挑战之一是为教师专业发展提供稳定的政策基础，以保障更多合格的教师进入并长期留在教育系统，这是提升学校教育质量的重要保障。面对教师总体短缺和结构不合理的状况，许多国家通过采取“定期流动”和“教师转补”等多种举措，促使优质教师资源得到最大限度的均衡配置，以利于学校教育质量的提升和教育公平的实现。

1. 日本推行教师“定期流动制”

日本于第二次世界大战后初期就已经开始在公立中小学校推行教师的定期流动制度，经过半个世纪的实践，已形成了较为完备的教师“定期流动制”。该制度对教师的流动对象、流动频率、实施程序、政策支持、条件保障等方面进行了详细的规定，它在师资配置均衡化方面取得的成效也堪称其他国家的表率。①流动对象：在日本，各都、道、府、县的教师流动政策在主要内容方面基本上是一致的。以东京都为例，其实施纲要规定，凡是在同一所学校连续任教 10 年以上以及新任教师连续 6 年以上者都必须交流到其他学校任教，此项规定具有一定的强制性，要求所有教师都必须服从。同时，实施纲要对因情况特殊而不需要进行流动的教师也做了详细的规定，如任教未满 3 年的新任教师，57～60 岁的老教师，妊娠或休产假期间的女教师及长期缺勤的教师都可以不参加交流。此外，中小学校校长也是交流的对象，但校长交流主要由教育长直接任命互换，本人也可以提出申请主动要求交流到其他学校。[①]②流动频率：根据近年来日本文部科学省对其教师的平均流动率推算结果来看，日本全国教师平均每隔 6 年流动一次，大多数县的中小学校长一般 3～5 年就要换一所学校，每一名校长从上任到退休一般要流动两次以上。[②]③实施程序：日本公立中小学教师的定期流动制度是在日本中央政府的直接主导、参与和调控下，由地方政府来制定具体方针政策并组织实施的。

---

① 薛国凤. 日本教师“定期流动制”对解决我国偏贫地区义务教育师资问题的启示. 日本问题研究，2002（1）：48-52.

② 彭新实. 日本的教师培训和教师定期流动. 外国教育研究，2000（10）：49-52.

具体实施程序为：①一般在每年的 11 月上旬，县一级教育委员会在调查研究的基础上开始发布下一年度教师定期流动的实施要旨；②全体教师都必须填写一份调查表，其中包括流动的意向；③在充分尊重本人意愿并为其解决后顾之忧的条件下由校长决定人选，并报上一级教育主管部门审核；④县（都道府）教育委员会教育长批准进行流动的人选；⑤在第二年的 4 月新学期开学前，进行交流的教师全部到位。[①]

2. 韩国实施“教师转补制度”

韩国的《教师公务员法》第十条规定：教育公务员的任用是保障取得教师资格者根据能力获得被任用机会的原则。因此，韩国教师是国家公务员身份。所以，教师的身份是终身的，不存在聘用与否和聘用年限等问题，其职位、权利、义务等没有变化。个体一旦通过了严格的教师任用应征考试，即获得了终身的教师资格。但是，正因为教师具有终身从业资格，一些教师在一所学校长期任教容易出现消极懈怠的现象。因此，为了满足教员的需要和避免消极情况出现，国家实行教师转补制度。《教育公务员任用令》第十三条第三项说明：为防止任用者或任用提请者所属教育公务员在同一职位或地域长期出勤而引起的懈怠，通过实施人事交流计划，可以有效地履行教师义务。转补要考虑本人的希望和生活住处。夫妇教师要综合考虑两人的家庭环境、勤务或研究实绩、出勤学校的位置和社会的名声、勤务年限等诸多因素。[②]

《岛屿僻地教育振兴法》第二条规定，在岛屿僻地勤务 3 年以上者可参照本人的意见转到岛屿僻地以外的地域。如果本人不希望到别的地域转补，则不强求。如果在少数地域作为出勤的教育公务员勤务成绩良好，希望在这里长期工作，允许其长期为该地域的社会发展服务。除了特别的情况外，在岛屿僻地勤务 1 年以内者不能转补。[③]

---

① 盛宾. 日本教师“定期流动制”的启示. 人民教育，2005（9）：8-10.

② 金钟哲. 教育行政理论和事迹. 北京：教育科学出版社，1982.

③ 朴连淑. 中韩公立中学教师人事行政制度比较研究——关于资格审定、任用、奖惩、工资和劳动福利. 陕西师范大学硕士学位论文，2005：8.

3. 法国实施“教育优先区”政策

法国政府为解决法国社会不同社区之间教育发展的不平衡问题，于 1981 年在全国推行“教育优先区”政策，被定为“教育优先区”的学校将获得国家优惠政策的支持。在这项政策中，关于师资配置的内容主要有三方面的规定：①对“教育优先区”的师资配置给予特别支持，为其配置高质量的、合格的教师队伍；②增加“教育优先区”的教师数量配置，以便加强对处境不利和学习困难的儿童进行个别辅导；③提高“教育优先区”任课教师的工作待遇。政府对“教育优先区”内的教师给予特别津贴，比如 1997 年该津贴额为 6741 法郎。[①]凡在“教育优先区”任教的中小学教师均能享受该项津贴。该项津贴计入教师工资，由国民教育部支付。这项政策的实施使得“教育优先区”的教师质量和数量都得到一定的改善和提高，大大缩小了法国不同社区之间的师资差异。同时，提高“教育优先区”教师待遇的规定也有利于吸引一部分教师资源向“教育优先区”流动，为教师资源的动态均衡创造了有利的条件。[②]

4. 美国实施“师资补偿”政策

2002 年，对美国教育产生深远影响的《不让一个孩子掉队》法案颁布，该法案要求努力招募到高素质的教师，要求所有的州提交计划，确保少数民族和贫困地区拥有高素质的教师。为了均衡配置教师资源，美国提高了师资队伍中少数民族教师的比例，加大力度培养少数民族教师。美国中小学也越来越多地聘用一些文化背景与处境不利儿童相似的教师进行教学，积极培养和招聘反映国家、种族、文化传统差异性的教师和教育研究人员，使其充实到教师队伍和教育科研机构中。通过教育上的经费补偿和师资补偿等措施，美国有效地缩小了不同区域和群体的教育差距。[③]因此，政府和学校都不断致力于合格教师的招募和保留工作，

---

① 鲍传友. 中国城乡义务教育差距的政策分析. 北京师范大学博士学位论文，2006：125.

② 孔凡琴，邓涛. 日、美、法三国基础教育师资配置均衡化的实践与经验. 外国教育研究，2007（10）：23-27.

③ 孔凡琴. 基础教育师资配置均衡化的国际比较研究. 东北师范大学硕士学位论文，2008：13-16.

由此产生了一系列引导教师平衡流动的政策。美国联邦政府和各州政府主要实行教师经济资助和补偿政策。

5. 欧盟的教师交流政策

在全球化背景下，各国越来越倾向通过教师的跨国流动来解决师资紧缺的现实困境，实现教师优化配置。如英联邦成员国（南非、英国等）、欧盟成员国（奥地利、西班牙、芬兰）之间都通过制定联盟教师流动协议来保障教师资源输出国向师资匮乏国输出教师的合法性和规范化。总之，在西方国家发达的经济基础和成熟的教育体系下，这种以市场为主导、以政策法规为保障的教师流动模式在很大程度上促进了教师资源的合理配置与更新。

（三）国际教师交流的实施项目和计划

1. 英国实施“教育行动区计划”和“金手铐”计划

英国政府通过实施“教育行动区计划”和“金手铐”计划，促进优质教师向薄弱地区和薄弱学校流动。1997 年，英国政府发布了《追求卓越的学校教育》白皮书，将提高学生学业成绩、实现教育机会均等作为政府 2002 年前的工作计划，为此政府制订了“教育行动区计划”，即在相对贫困的区域内，对那些管理不善、表现不良的学校进行重组，通过公开招聘校长、提供资金支持、充实师资力量等手段来提高办学水平。为了吸引优秀教师，教育行动区可以不受全国性教师聘用条例的限制，为教师提供优厚的待遇。

2009 年，英国政府提出“金手铐”（Golden Handcuff）计划，为到薄弱地区任教 3 年的教师提供 1 万英镑奖金，并将其评为“优秀教师”或为其提供“高级技能教师”职称，同时该计划还加强对这些教师的教学领导力训练和课堂实践训练，增强其教学和辅导能力。①

① Lipsett A. Golden Handcuffs Deal for Teachers in Struggling Areas.（2009-01-13）. http://www.guardian.co.uk/education/2009/jan/13/golden-handcuffs-teaching-bonus.

2. 澳大利亚实施“边远地区激励计划”和“乡村地区计划”

澳大利亚为了鼓励教师到边远和农村地区任教，并在服务期满后仍留在当地工作，大多数州为这些教师提供了特别的奖励和培训。例如，昆士兰州设立了边远地区激励计划（Remote Area Incentives Scheme），为在边远农村学校工作的教师提供经济上的资助，包括每年1000～5000澳元不等（根据学校的远近和条件不同分等）的补偿金，加上一部分交通补贴；服务期满后仍然留在当地工作的教师每年另加2000～5000澳元的奖金；为新分配到边远地区的教师提供入职培训，帮助他们适应边远地区的教学需要；额外增加5～8天的假期，让教师可以到中心城区处理一些个人的紧急事务，如看医生等。

1973年，澳大利亚学校委员会出台了“薄弱学校计划”（Disadvantaged Schools Program），旨在为贫困地区的学校提供更多的经费、技术和师资等方面的帮助，以提高教学质量。这一计划实施范围的重点是城市的一些经济落后区，乡村地区得到的资助较少。为了使更多乡村偏远地区的学校得到发展，澳大利亚联邦政府于1977年提出了“贫困乡村地区计划”（Disadvantaged Country Areas Program）。联邦政府拨款411万美元，澳大利亚的六个州和北部地区的部分乡村学校得到了资助。1982年，联邦政府将“贫困乡村地区计划”改名为“乡村地区计划”，加大了资金投入的力度，扩大了接受资助的乡村学校范围。至此，“乡村地区计划”成为联邦政府发展乡村教育的一项重要措施。各州政府也采取了多种措施来提高乡村教师队伍的质量。首先，通过优惠政策鼓励优秀教师到乡村任教，如优厚的年薪、带薪休假、减免交通费用等。其次，注重乡村教师的专业发展。各州教育部会定期组织乡村教师接受专业培训，培训结束后要进行严格的考试，授予合格者证书，要求不合格者继续学习。维多利亚州、西澳大利亚州和南澳大利亚州都要求乡村教师每年必须接受专业培训。同时，州教育部还会定期委派教育专家到乡村地区指导乡村教师教学，帮助其改进教学方法，以提高教学质量。最后，利用信息技术为乡村教师提供教学资源。为了解决乡村教师获取教学资料难的问题，各州在“乡村地区计划”官方网站上专门开设了关于乡村教师的栏目，包括各种教学信息、优秀教学课件、网上图书馆、教育专家在线咨询、教师论坛等。

乡村教师可以很方便地在网上搜集教学资料，请教专家解答教学中遇到的问题，还可以与各地的乡村教师交流教学心得。

3. 美国实施“通向教师之路”和“为美国而教”等项目

美国的地方政府、机构组织、基金组织、学校、教师也充分发挥了各自的自主性，自由灵活地发起教师流动实践项目，以改善区域性师资匮乏的现状，推进教师资源的优化配置。美国“德维特·华莱士读者文摘基金”（Dewitt Wallace-Reader's Digest Fund）从 1989 年起就提供大量资金发起“通向教师之路”项目（Pathways to Teaching Careers Program）来帮助师资短缺的经济欠发达地区和农村地区培养、聘任并留住愿意去那里从教的优质教师。[①]由温迪·科普（Wendy Kopp）于 1990 年创办的美国非政府组织“为美国而教”（Teach For America）多年来通过短期集训、一对一在职培训以及网络培训，使一批有志于改变教育不公现状的人成长为优秀教师，满足了欠发达和边远地区对师资的大量需求。

另外，为应对各地教师的短缺，美国联邦政府和各州采取了大量的措施。这些措施包括“从军人到教师”（Troops to Teachers）计划的职业生涯变化方案，旨在说服退役的军事人员并为其寻求教学的机会，国家已在部署启动奖学金、学生贷款和住房援助等财政资助措施。“从军人到教师”计划是美国国防部的一个项目。在佛罗里达州的彭萨科拉，这个计划的目的是帮助曾经的合格军人寻求在美国公立学校做教师的机会，首先是在数学、科学和特殊教育等急需的学科领域招募合格的教师，并帮助退伍军人顺利过渡到教师行业。国家和各地已分别建立起该计划办公室，为候选人提供咨询和帮助。“从军人到教师”计划的候选人不论想在哪里从教，都必须满足国家教师资格认证的要求。通过该项目的人员都会获得多达 5000 美元的津贴帮助其支付国家的教师资格认证，同时在急需教师的学校任教会获得 10 000 美元的一次性奖金。

---

① Dewitt Wallace-Reader's Digest Fund. Recruiting，Preparing and Retaining Teachers for America's Schools. Progress Report：Pathways to Teaching Careers，1997：4-6.

二、国际教师交流的政策分析

（一）纳入国家教育法律体系

1. 日本完善的法律体系保障教师交流

20世纪五六十年代，日本先后颁布的《关于地方教育行政组织及营运法律》《教育公务员特例法》《偏僻地教育振兴法》等一系列教育法律和政策从不同侧面、不同程度上为实施教师“定期流动制”提供了支持。例如，日本在1954年颁布的《偏僻地教育振兴法》中规定，“为协助在偏僻地区学校工作的教员及其他职员的住宅建造及其他生活福利，应采取必要的措施”是地方教育行政部门的任务之一。对流向偏远地区的教职员工，从变动或搬迁之日起三年内，除本人工资外，还增发偏僻地区津贴，津贴数额限于本人月工资和扶养津贴总额的25%以内。此外，还规定为相关教师发放寒冷地区津贴和单身赴任津贴等。①

2. 美国设立评估教师流动的专门机构

美国政府和相关机构采取了多种举措，力图通过补充教师资源来解决“教师留住危机”（teacher retention crisis）②，推动教师的均衡流动与合理配置。2002年的《不让一个孩子掉队》法案提出设立“全国教师流动委员会”（National Panel on Teacher Mobility）③来专门负责对各州教师的流动进行定期调查与评估，并制定相关政策，以促进全国境内优秀教师的有效流动，为优秀教师创造机会，合理调配他们的工作岗位，尤其是鼓励教师向师资短缺、难以吸引或留住教师的州流动。④

---

① 汪丞. 日本如何保证中小学教师合理定期流动. 华中师范大学教育学院教育信息报，2006（4）：10-13.

② National Commission on Teaching and America' s Future. No Dream Denied：A pledge to America' s Children. Washington，2003.

③ US. Department of Education. Public Law Print of PL 107-110，The No Child Left Behind Act of 2001.（2009-01-03）. http：//www.nochildleftbehind.com.

④ 李玲，韩玉梅. 西方国家中小学教师流动的经验与启示. 比较教育研究，2011（11）：1-5.

3. 加拿大建立稳定的境内教师流动市场

加拿大依照《内部贸易协定》(Internal Trade Agreement)的规定，竭力建立一个开放、高效、稳定的境内教师流动市场。其具体规定如下：各地的教师资格认证具有全国通用效力，在一个地区取得认证的教师可持该证在全国各地自由选择从教岗位；各地教育部门建立相应机制，以便教师进行跨省和跨区域认证；各地设立明确的条例和规范对教师资格证进行审查。①

4. 欧盟促进教师跨国交流的立法保障

欧盟除了发布倡导“教师流动”的指导性政策外，还提供立法保障。首先，欧盟的经济和社会政策的核心便是“商品、服务、资本和劳动力的自由流动”。《罗马条约》《欧洲单一法案》《欧洲联盟条约》等欧盟基本条约都规定了欧盟公民及其家庭具有在欧盟(或欧共体)内自由流动的权利。对于欧盟教师而言，这意味着在仅持有本国国籍的情况下，教师可自由侨居到其他成员国工作。这些法规为欧盟教师在国家间的流动提供了根本法律保障。另外，欧盟通过专门法律扫清了教师在国家间流动存在的重大障碍。1989 年，世界教师组织联合会发表的报告《欧洲的教师流动》②指出，欧洲国家的教师联盟都明确支持教师流动，以促进教师对于他国文化的了解，但是这些机构却没有对欧洲不同国家的教育体系、国家教师资格认证、教师的工资与工作环境进行整合和控制，也没有解决教师分布过剩与不足问题。该报告总结了欧盟教师流动存在的核心问题。对此，自 1992 年的《欧洲联盟条约》开始，欧盟便逐步通过立法来解决上述问题。在《欧洲联盟条约》③中，将“通过鼓励，特别是证书和学习期限的认定，来促进学生和教师的流动”作为教育政策的重要目标，并且该目标在《里斯本条约》中得以重申。另外，欧盟除了通过指导方针性的立法支持外，还于 2005 年发布了《关

---

① The Council of Ministers of Education，Canada .(2009-01-03). http://www.cmec.ca/Programs/mobility/teachermobility/Pages/default.aspx.

② Smith J. The European teaching force：Conditions，mobility and qualifications. International Review of Education，1992，38(6)：641-657.

③ Council of the European Union. Treaty on European Union.(2010-03-27). http://eur-lex.europa.eu/en/treaties/dat/-11992M/htm/11992M.html.

于承认职业资格的指示》，为教师职业资格的认定提供了执行标准。

（二）严格教师准入门槛

1. 日本实行教师资格鉴定合格证书

日本于第二次世界大战后实行教师资格鉴定合格证书制度，该项制度的实施使日本教育委员会可以以行政调动的形式使其所辖区内的教师进行流动，进而为师资的配置均衡化创造了条件。[①]由于日本采用了教师资格鉴定合格证书制度，教师主动辞去教职并不会对其身份、资格产生影响。日本的中小学教师基本上处于动态的状态，教育行政部门和所在学校也鼓励和要求教师流动，并创造条件让他们流动。

2. 美国实行统一的国家教师资格证书制度

美国实行统一的国家教师资格证书制度，消除阻碍师资均衡配置的因素。1986 年，卡内基教育和经济论坛工作组向联邦教育部提交了报告《国家为培养 21 世纪的教师做准备》，提出以国家教师资格标准取代各州的教师资格标准。1987 年 5 月，全国教师资格审定委员会正式成立，并提出五项“核心建议”作为制定国家教师标准的基础，由此美国开始实行国家教师资格证书制度，促进了教师队伍在全国范围内的合理流动。五项“核心建议”包括：①教师对学生及其学习负责；②教师熟知教学科目，并指导如何传授给学生；③教师负责监督和管理学生的学习；④教师能对自己的教学实践经验进行系统思考；⑤教师是学习群体的一员。1987 年，美国有 35 个州建立了教师证书互换制度，相互承认教师资格证书，为持有教师资格证书者就业和择业提供了便利的条件。这种做法便于教育行政部门统一调配师资，可以打破人力资源的区域和校际壁垒，建立区域和校际范围内的义务教育教师的交流制度，逐步实现区域和校际范围内实施义务教育学校间的师资力量的相对均衡，从而使适龄儿童、青年能享受到实质上的均衡义务

---

① 汪丞. 日本如何保证中小学教师合理定期流动. 华中师范大学教育学院教育信息报，2006（4）.

教育。[①]

3. 法国统一中小学教师培养规格和工资标准

法国于 1992 年开始对教师培养规格进行改革，规定中小学教师必须由大学师范学院培养。中小学教师培养规格实现一体化以及任用规格的统一，这为教师在不同层次学校间的灵活流动提供了可能。在随后的改革中，法国政府规定，中小学教师实行单一工资制，并对愿意到“教育优先区”任教的教师提供岗位津贴，每年为 6741 法郎，中小学教师享受的标准相同。此外，其还规定，从 1994 年 1 月起，凡初次作为公务员身份分配到难以招聘到师资的地区任教的教师，每年可以享受到 12 594 法郎的补贴，时间为 3 年。[②]

（三）提高教师的地位和待遇

1. 法国教师为国家公务员，工资由国家承担

法国政府很早就颁布法律，规定所有小学教师均为国家公务员，工资由国家承担。此后，中学教师也作为国家公务员，由国家来承担其劳动报酬。这种由国家承担教师工资的政策，保证了基础教育师资队伍的质量和稳定。[③]

2. 韩国教师为终身制国家公务员

韩国教师是终身制的国家公务员，一旦通过了严格的教师任用应征考试，即获得了终身的教师资格。韩国政府对教师定期交流和轮换在政策上给予全力支持，教育部规定，教师无论在哪所学校任教，其工资待遇及各项福利都不变，而且随着教龄的增加，待遇也会相应增加。

---

① 李丹. 二战后美国义务教育均衡发展研究. 东北师范大学硕士学位论文，2006：25.

② 曹成刚. 问题和出路——从国外教师教育发展趋势看我国高等师范教育. 渝西学院学报（自然科学版），2004（3）：43-46.

③ 钟文芳. 法国基础教育改革中的教师政策. 教育评论，2004（1）：100-101.

3. 瑞典建立了个别化工资制度

瑞典废除了原有的教师等级工资制度，建立了个别化的教师工资制度，以此推进教师流动。1995 年，瑞典实行个别化的教师工资制度，地方教育局和教师之间建立起雇佣关系，双方通过协商确定工资额，以此来增强地方的自主性和学校管理的灵活性。中央只规定教师工资每过 5 年提高一次，但不规定提高的幅度，提高多少要通过教师与地方教育局协商决定。这样，根据劳动力市场的情况，教师严重短缺地区的教师工资会高一些，有些比较短缺的学科，例如，数学和科学，教师工资也可以高一些。实施改革后，教师之间的工资差别比过去增大了，对于师资短缺地区的教师以及优秀教师来说，可以商谈的余地也就更大了。从学校和劳动力市场的反映来看，该政策帮助学校解决了教师短缺的问题，也使教师能更好地满足学校的需求。公立学校与私立学校之间、城市与城市之间教师岗位的竞争和流动都增加了。1995 年以来，教师到另一个城市去工作的概率增加了一倍。瑞典能够顺利实施这一制度的关键在于得到了中央财政的支持，保证低收入的城市也能吸引到有竞争力的教师。

三、我国教师交流的政策分析

（一）我国教师交流政策的研究进展

义务教育阶段教师交流轮岗涉及教师法律关系（身份）、教师管理体制和教师交流轮岗的制度创新等多个方面的问题。

1. 明确教师的法律关系是教师交流轮岗的基础

现有学者大都支持将教师纳入公务员队伍，或将教师定位为教师公务员。例如，尹力主张重新确立教师的国家工作人员身份，给教师类似于国家工作人员的身份保障，即教师“非因法定事由、非经法定程序不得被免职、降职、辞退或者处分”[①]。劳凯声也指出，为了体现义务教育学校教师职业的公务性质，应将教师身份定位为公务员、准公务员或公职人员。教育政策和立法也应积极推动确定教师的国家工作人员身份，而不应将教师定位于普通劳动者或自由职业者。[②]

全国“两会”期间，都有人大代表和政协委员呼吁，希望在法律上确定中小学教师的公务员身份。全国人大常委会委员、北京师范大学庞丽娟教授在2006—2008年分别提交议案，建议修改《中华人民共和国教师法》，明确义务教育阶段教师具有教育公务员的法律地位，研究建立相应的国家教育公务员制度与保障机制。[③]2008年，全国人大代表、华中师范大学周洪宇教授提出，建立国家教育公务员制度是解决中小学教师队伍建设中一些棘手问题的根本途径，建议修改《中华人民共和国教师法》或对《中华人民共和国公务员法》做出补充规定，将公办普通中小学教师纳入国家公务员行政管理系统。[④]

在《中华人民共和国教师法》出台前，教师一直是国家公职人员，具有国家干部身份。1993年的《中华人民共和国教师法》将教师定位于履行教育教学职责的专业人员，由学校和教师签订聘任合同，教师的身份是“学校聘任的专业人员”，教师从行政机关任用转变为学校聘任。2003年，人事部、教育部印发的《关于深化中小学人事制度改革的实施意见》要求全面推行中小学教职工聘用制度，由学校和教职工签订聘用合同，明确聘期内的岗位职责、工作目标、任务和待遇等。将教师身份定位于普通专业人员，有利于市场条件下教师的自由流动，但不利于县域内教师的统筹管理和调配使用。因此，新形势下作为专业人员的教师与教育行政部门的关系，是需要研究的课题。

2. 理顺教师的管理体制是保障教师交流轮岗的关键

现阶段我国实行的是“以县为主”的教师管理体制，中小学教师的管理涉及人事、编制、财政和教育等多个部门。这就导致了县区多个主管教师的部门争夺教师管理的权力，这种多头管理的状况容易导致部门职责不清，也对教师流动轮

---

① 尹力. 重新确定中小学教师的身份：国家工作人员. 教育研究与实验，2003（1）：1-5.

② 劳凯声. 在义务教育阶段建立教育公务员制度的思考. 基础教育改革动态，2011（9）：5-7.

③ 柴葳. 以刚性制度保障农村教师待遇. 中国教育报，2008-03-04.

④ 周洪宇. 关于建立国家教育公务员制度的建议.（2008-03-07）. http://yhzhou.blog.sohu.com/.

岗造成了体制方面的障碍。

2014年，《教育部 财政部 人力资源和社会保障部关于推进县（区）域内义务教育学校校长教师交流轮岗的意见》提出，全面推进义务教育教师队伍“县管校聘”管理改革，打破教师交流轮岗的管理体制障碍。县级教育行政部门会同有关部门制定本县（区）域内教师岗位结构比例标准、公开招聘和聘用管理办法、培养培训计划、业绩考核和工资待遇方案，规范人事档案管理和退休管理服务。学校依法与教师签订聘用合同，负责教师的使用和日常管理。因此，如何加强地方政府教育领域的综合改革，理清人事、财政、编办和教育等行政部门之间的责任和职能划分，探索地方义务教育教师管理的新机制，是保障教师交流轮岗顺利实施的前提。

3. 完善地方教师交流轮岗的制度创新是顺利推进这项工作的保证

在国家层面，2014年，教育部、财政部、人力资源和社会保障部联合发布了促进县域内教师交流轮岗的意见，各地也相继出台了相关政策推进这项工作。目前，全国已有22个省（自治区、直辖市）出台了关于推进教师流动的相关政策，并开展了改革试点。上海市、四川省成都市、湖北省武汉市、辽宁省大连市、河北省邯郸市、山西省晋中市、陕西省宝鸡市、浙江省嘉善县等，从省、市、县各个层面进行了探索，取得了较好的成效。2013年8月，浙江省出台专门政策文件，提出2014年在全省全面实施县（区）域内义务教育学校校长教师交流。由此可见，梳理好地方教师交流的实践和经验，有利于促进国家教师交流政策的贯彻和落实。

（二）我国教师交流政策的特点

目前，我国已经形成了从国家到地方的教师交流的政策体系。特别是2006年新修订的《中华人民共和国义务教育法》第三十二条明确规定“县级人民政府教育行政部门应当均衡配置本行政区域内学校师资力量，组织校长、教师的培训和流动，加强对薄弱学校的建设”，将加强教师交流的举措上升到了国家法律的地位。从国家教师交流的政策演变可以看出，国家教师交流政策的发展呈现出以下特点。

1. 教师交流轮岗体现了国家对此的重视程度

以往关于教师交流的论述大都散落于促进义务教育均衡发展等文件中，教育部、财政部、人力资源和社会保障部发布《关于推进县（区）域内义务教育学校校长教师交流轮岗的意见》，专门以三部委联合的形式发布教师交流的文件，这还是第一次，这反映了国家对通过教师交流工作促进义务教育均衡发展的重视。

2. 教师交流轮岗有明确的量化指标要求

我国教师交流政策规定，所有在编在岗的教师原则上均应纳入交流的范围，并明确提出了优质学校交流轮岗的比例不低于10%，骨干教师交流轮岗的比例不低于20%。这可以有效防止各地教师的交流流于形式，真正起到均衡配置优质教师资源的目的。

3. 形成了教育、人社、编办等部门的联动工作机制

相关政策的最大亮点就是明确了教育、人社和编办各自的工作职责，教育部门负责制订方案，整体统筹推进，人社、编办等部门总量调控，密切协作。

（三）我国地方教师交流的政策探索

1. 地方教师交流轮岗政策的制定部门呈现出多样化的形态

自国家指导意见颁布后，各地加快出台了教师交流轮岗政策的进度。各省份也相继以教育部门与相关部门合作的形式发文，以统筹全省的教师交流轮岗工作。从部分省份已发布的关于教师交流轮岗的指导意见来看，相关的发布部门存在差异，如以江苏为代表的4省份的指导意见的发布部门涉及教育厅等5部门，以天津为代表的两个省份的指导意见的发布部门涉及教育、财政和人社三个部

门，贵州指导意见的发布部门是教育、编办和人社三个部门。从县（区、市）的层面来看，教师交流轮岗政策的制定部门也不尽一致，如江苏省南京市溧水区和玄武区的教师交流政策是由教育局发布，浙江省临海市的教师交流轮岗政策则涉及教育等4个部门，安徽省贵池区的教师交流政策则由区委、区政府制定（表4-11）。

表4-11　部分地方教师交流轮岗政策的制定部门

省份	发布部门	县（区、市）	发布部门
江苏、河南、河北、陕西	教育厅、组织部、编办、财政厅、人社厅	江苏省溧水区、玄武区	教育局
浙江、山东、湖北、广东、福建	教育厅、编办、财政厅、人社厅	浙江临海市	教育局、编办、财政局、人社局
天津、辽宁	教委（厅）、财政局、人社局	安徽贵池区	区委、区政府
贵州	教育厅、编办、人社厅		

表4-11中，通过对部分地方教师交流轮岗政策制定部门进行梳理可以看出，一方面，教师交流轮岗具有复杂性，必须以联合发文的形式才能进行教师交流轮岗的顶层设计，明确相关部门在教师交流轮岗方面的职能分工，并建立相应的协作机制，才能做好教师交流轮岗的顶层设计；另一方面，省级政策发布部门的不同来也反映了省级教育与相关部门的协调能力和重视程度。此外，从省和县两级发布部门的一致性看，有的县严格按照省的发文部门来发布本县的交流政策，有的县则由教育部门来发布教师交流的实施意见，无形中将教师交流变成了教育部门的事情，增加了教育部门组织协调的难度，不利于将国家的这项政策落到实处。

2. 地方教师交流轮岗政策的内容存在较大差异

从国家的指导意见看，教师交流轮岗的内容包括教师交流的人员范围、方式方法、时间比例等基本内容，人员范围包括义务教育阶段公办学校在编在岗教师，对于在同一所学校任教的年限则由地方自行确定。交流方式可采取定期交流、跨校竞聘、学区一体化管理、学校联盟、名校办分校、集团化办学、对口支援、乡镇中心学校教师走教等多种途径和方式。交流比例为城镇学校、优质学校每学年教师交流轮岗的比例不低于符合交流条件教师总数的 10%，其中骨干教师交流轮岗的比例应不低于交流总数的 20%，与农村和薄弱学校的交流时间至少为 1 年。

从各地实施的具体情况看，各地教师交流轮岗政策的内容存在较大差异。从交流的范围看，大部分省份规定，在同一所学校任教时间 6 年后必须交流。以江西为代表的部分省份规定，在同一所学校任教 9～10 年的教师应被纳入交流范围，山东则规定在同一所学校任教 3～5 年的教师需要交流。从交流的比例看，以辽宁为代表的大部分省份执行国家标准，规定优质学校教师交流比例不低于 10%，其中骨干教师不低于应交流教师的 20%；陕西的标准高于国家标准，规定骨干教师交流的比例不低于 30%；浙江、江苏的标准低于国家标准，规定骨干教师交流的比例不低于 15%。从教师交流的时间看，以广东为代表的大部分省份规定教师交流的时间执行国家标准，不应少于 1 年；以福建为代表的部分省份规定教师交流的时间不少于 3 年，远远高于国家标准。各地教师交流的方式一般是刚性交流和柔性交流相结合（表 4-12）。

表 4-12 教师交流轮岗的政策分析

政策内容	具体标准	地区
教师交流的范围（同一所学校任教时间限制）	3～5 年	山东省
	6 年	山西省太原市、福建省、湖北省襄阳市襄州区、江苏省常州市、陕西省、江苏省南通市、安徽省、江苏省、北京市、贵州省
	9～10 年	江西省、辽宁省、广东省、浙江省、江西省
教师交流比例	优质学校交流比例不低于 10%，骨干教师交流比例不低于 20%（国家标准）	辽宁省、湖北省、天津市、山东省、河南省、贵州省
	优质学校交流比例不低于 10%，骨干教师交流比例不低于 30%	陕西省
	骨干教师不低于 15%	浙江省、江苏省
教师交流的时间	不少于 3 年	福省建、河北省石家庄市、河南省、山东省、浙江省
	不少于 2 年	辽宁省

续表

政策内容	具体标准	地区
教师交流的时间	不少于1年（国家标准）	广东省、贵州省、湖北省、江苏省南京市、陕西省
教师交流的方式	一般是刚性交流和柔性交流相结合	

资料来源：表中数据梳理自各地落实教师交流轮岗的情况报告

3. 地方统筹保障教师交流轮岗政策的实施

为确保教师交流政策的顺利实施，国家从激励保障、管理改革、责任主体、督导考核等方面明确了教师交流的保障措施：①从编制、岗位、职务（职称）、聘用、考核、培训、表彰等方面要求各地制定优惠政策，健全教师交流轮岗的政策保障体系。②明确了省级统筹、以县为主的教师交流管理体制，明确了教育、组织、编办、财政、人社部门的责任，形成了教师交流轮岗的联动和长效机制。③明确了县教育行政部门和学校的职能分工。④规定将教师交流轮岗的实施情况纳入党政领导干部工作考核体系，并作为义务教育基本均衡认定的重要指标。

从各地出台的教师交流的保障措施来看，以浙江为代表的大部分省份的教育部门都明确规定了在职称、培训、评优等方面对交流教师优先考虑，在管理体制和责任主体上规定教育行政部门负责县域内教师资源的统筹配置，制订实施方案，人社、编制等部门配合教育部门做好教师交流的工作。为确保教师交流政策落到实处，各地大都规定将教师交流纳入年度工作考核和作为义务教育基本均衡县评估的重要内容（表4-13）。

表4-13　教师交流政策的保障措施

项目	激励保障	管理改革	责任主体	督导考核
国家	编制、岗位、职务（职称）、聘用、考核、培训、表彰等制定优惠政策	明确县教育行政部门、学校的职能分工	（1）省级统筹、以县为主 （2）明确教育、组织、编制、财政、人社部门的责任，形成联动和长效机制	纳入党政领导干部工作考核体系，并作为义务教育基本均衡评估认定的重要指标
浙江	预留中高级岗位、评聘交流教师，在职称、评优、培训方面有所倾斜	县域内统一编制、岗位、聘用、考核、待遇等政策	县教育行政部门负责教师资源配置，统筹教师编制和岗位，人社、编办等部门进行宏观管理、指导、监督	纳入教育科学和谐发展业绩考核、义务教育均衡县评估以及教育现代化县创建的重要指标

续表

项目	激励保障	管理改革	责任主体	督导考核
天津	分类评价，对参加交流并做出贡献的教师、校长给予相应奖励，评优和评职称时需有1年农村任教经历	探索县管校聘机制	建立部门联动机制，明确教育、组织、编制、人社、财政等部门的职责	纳入教育工作督导考核体系，并作为认定义务教育基本均衡县的重要指标
陕西	在编制、岗位、聘任等方面实行优惠政策	省级指导、市级统筹、以县为主，推进“县管校用”的教师管理制度	县教育行政部门统筹使用教师编制，人社、教育部门调整岗位设置	纳入年度目标考评、义务教育基本均衡县、“双高双普”(高质量、高水平普及九年义务教育，普及学前教育、普及高中阶段教育）县、教育强县的重要内容

四、我国教师交流政策的案例研究

前文分析了国家和地方的教师交流轮岗政策，因为教师交流轮岗实行的是省级统筹、县域实施的管理体制，为更好地了解县域内教师交流开展的具体情况，本次研究选择了江苏省某区做了深入的案例研究，以总结地方教师交流轮岗的经验和问题，为教师交流轮岗工作的顺利开展提供参考。

（一）为什么要交流——学校编制缺余不平衡

江苏省某区义务教育阶段共有初中学校 11 所、小学 24 所。2015 年 3 月，在教育局为了做好暑假期间的区域内义务教育学校校长、教师交流轮岗，人事科对全区的初中、小学的教职工任教学科情况进行了摸底，按照《江苏省义务教育课程设置实验方案（修订）》进行统计测算，发现小学缺编 466 人、中学超编 202 人。同年 7 月初，经初中、小学自主申报余缺数，中学富余 166 人，小学缺编

314 人。在全区教师不超编的情况下，为了更好地优化师资，解决中学教师富余、小学教师缺编的问题，区教育局提出了初中富余教师分流方案，得到了区委、区政府的大力支持。

（二）如何交流？——核定初中学校编制，重新设置教师岗位

为了更好地利用编制和人力资源，各初中学校根据区教育局的统一要求，并结合本校办学规模和岗位需求，分学科设定教师岗位数，确定各学科所需教师人数和富余教师人数。全区按照统一的 45 人班额标准和江苏省课程设置标准，确定各年级所需教师人数和富余教师人数，教育局再根据实有教师数给学校 10%的教学辅助人员（由学校确定教辅人员），最后的富余人员确定为本校向小学分流的教师。经过核定编制，全区有 169 名富余教师可以参加分流。

（三）如何确定交流范围？

全区各初中学科富余教师，离法定退休年龄在 5 年（含 5 年）以内的，参加工作不满 5 年（含 5 年）的，因病长期不能从事正常教育教学工作的，小学段未开设物理、化学、生物、地理、历史学科的教师，不在分流范围。

根据区实际情况，采用了考试考核的方法进行分流。各初中学科所需教师以统一考试和量化考核的总成绩确定。总成绩采取百分制，按四舍五入法保留两位小数计算。统一考试成绩占总成绩的 70%，量化考核成绩占总成绩的 30%。

统一考试由区教育局组织实施，统一考试内容包括三个部分，即初中段学科专业知识、教学设计、教学测评。量化考核由学校依据区教育局制定的《初中教师教育教学工作量化评分表》组织实施。各初中根据所需的岗位数，依据统一考试与量化考核的总成绩从高分到低分排序，依次聘用教师。总成绩若出现并列，按统一考试成绩由高分到低分进行排序。各初中学校未聘教师则是向小学分流的教师。

（四）交流教师如何选岗？

按总成绩从高分到低分的顺序由分流教师依次选岗，成绩高的具有优先选择权。分流至相应小学的教师由区教育局统一办理人事调动手续，保留其原专业技术岗位等级，并承认其交流经历。

以上是教师交流的实践案例，这是各地教师交流政策实施的一个缩影，具有典型性和代表性，足以引起我们对这项政策的反思。

1. 这是典型的行政主导的交流模式，可以短期内高效率地实现师资重新配置的目标

通过教育局牵头，重新核定学校的编制和教学岗位，按照考试的办法，依据成绩的高低由教师先后选岗，维持了形式上的公平。笔者通过对部分教师的访谈得知，有的教师愿意分流到小学，主要是离家近能够照顾家庭，但是考试考核的这个“度”不好把握，考试考核分数过高就不能参加分流，考试考核分数太低就不能分流到自己想要去的小学，所以总成绩出来后，虽然分流到自己不太想去的学校，但是也没有办法，只能抱怨自己没有把握好“度”。同时，这种考试的办法也有助于遏制交流过程中的人事腐败，可以有效地杜绝校长“假公济私”、变相惩罚“刺头教师”“不听话教师”，避免了分流过程中的“送礼走后门”现象的发生。

2. 这种交流方式是否忽视了教师的意愿，遏制了教师选择的自主权

据访谈，部分教师认为这种方案不科学，没有体现教师的人权，认为是否分流到小学不能通过考试及考核来衡量。其建议应该实行双向选聘制，即在区教育局网站上公布全区各小学所缺学科岗位，让各初中对应学科教师参加竞聘，小学校长具有选择教师的自主权，这样既体现了教师的自主权，又给了小学一定的选择权。教育局相关人员反映，考虑到这种方案可能会产生严重的“人事腐败”，还会出现不可避免的其他问题，为了体现公平公正，同时为了保护校长，最终采用了考试的方案。

五、我国教师交流政策的反思和建议

（一）逐步走上常态化的教师交流轮岗要防止形式化和功利化

自国家相关文件发布后，各地相继发布了教师交流的专门文件，随着义务教育均衡县评估认定工作的深入推进，各地都十分重视将教师交流轮岗作为促进义务教育均衡发展的一项重要举措。在行政力量的强制推动下，这项工作开展得如火如荼，各地也在创新各种方式，将这项工作落到实处。但我们不能忽视教师的意愿，一旦协调不好，可能会出现新的矛盾和问题。例如，知名学校的优质师资流动可能会面临频繁更换班主任和任课教师的情况，学生可能会产生由于教师交换带来的情绪紧张和重新适应的问题，也可能会导致家长的反对和既得利益者的抵制，从而导致政策被扭曲。此外，在教师交流的过程中，一定要防止教师交流的形式化、功利化，不能为了个人和组织的功利目的而交流。城镇教师为了晋升而交流，城市学校基于对不合格教师的处罚而将他们派到边远农村；农村教师为了调动而向城区学校流动，城区学校担心教育质量而不给农村教师相应的机会等，这些都是在教师交流轮岗大势所趋的形势下必须避免的问题。

以教师专业化带动教师交流轮岗，防止教师交流过程中出现形式化和功利化倾向，而不是把教师交流轮岗仅仅作为晋升职称或提高待遇等的一种工具或被动的选择，就需要从教师专业化视角出发，加强对流动教师的职业培训，将教师交流轮岗作为提高教师专业素养、拓宽专业视野的途径，这无形中会增强教师对流入校的归属感和认同感，从而使其将流入校的工作经历作为其教学生涯的重要历程加以珍惜。另外，要加强对流动教师的生活和工作的关心，因为教师从一所管理水平高的学校流动到水平较低的学校，会面临工作和生活中的不适应，不仅难以安心在新学校从事教学工作，还可能会因为情感、心理等方面的落差而无法发挥应有的水平，出现负面效应。各学校应采取多种有效措施，不断提升校长的管理水平，如加强对校长的管理能力培训、开展校长间管理经验交流活动、开办名校长课堂等。

（二）教育行政部门的主体责任重大，要谨慎落实

不论国家还是各地都明确规定，在教师交流轮岗工作中，教育行政部门负责整体统筹，是规划实施这项工作的责任主体。与以往相比，教育行政部门的权力更大，责任也更大。①教师交流轮岗是一项非常复杂的系统性工作，需要了解方方面面的信息，要综合考虑学校的编制情况、学科情况、教师的年龄、住址、教学等，还要尊重教师的个人意愿，毕竟仅靠强制的、被动的行政命令，很可能会带来教师的抗拒，也难以取得好的效果，从而违背了交流的初衷。②流动教师的考核和管理存在困难。各地的教师交流轮岗政策只规定了在考核和评聘方面给予交流教师一定的优惠，但如何考核、谁来考核等具体操作性的措施各地没有明确规定。通过我们对四川某县的调研，除人走关系动的教师流动、考核也随着走之外，不涉及人事关系调动的教师流动，一般而言，由原学校负责流动教师的考核及工资的发放，流入学校提供教学情况方面的说明，这实际上就造成了教学和考核的分离，很难做到对教师进行客观、公正的评价。同时，由于流动教师一段时间内不在原学校，也会造成工资方面的损失，同时还增加了交通等相关成本，如果不能客观、公正地评价流动教师的工作，切实维护流动教师的权益，那么教师交流轮岗政策就很难持续。③部分县级政策的制定缺乏部门联动。教师交流轮岗是涉及多个部门的系统工程，单靠教育部门很难推开。国家和各省份也大多以部门联合发文的方式强调在教师交流问题上部门合作的重要性，但通过政策分析和在四川的实践考察得知，仍有部分县由教育部门发布流动文件，这在很大程度上削弱了政策的效力，使部门联动缺少政策支持。实践中的访谈结果也证实了这一结论，教育部门很难协调人社、编制等部门的工作，而且四川某县涉及教师关系调动的交流都必须由县长签字，涉及市属学校教师关系调动的教师交流都必须由市长签字，这无疑削弱了教育部门统筹师资配置的权力。

此外，仍有部分县没有建立起教师交流轮岗的联动机制，教育、编制、人社等部门都涉及教师管理方面的权限，编制部门不能及时根据生源和师资变化情况及时、动态地调整编制数量，人社部门负责学校的岗位数量和结构比例，教育部门制订的实施方案及其实施情况都必须报人社等部门批准或备案，这无疑加大了

教育部门统筹实施的困难。

因此，教育行政部门要加强顶层设计，担负起教师交流轮岗的主体责任，指导学校加强宣传，正确理解政策，重视价值引领。首先，教育行政部门要让学校明白政策制订的初衷，实施教师流动轮岗的目的绝不是削峰填谷、通过把好学校“拉下水”让薄弱学校“爬上岸”，而是彻底打破校际人才保护壁垒，从制度上弱化学校对教育人才流动的限制，着眼于通过教师流动整体提高学校发展水平，实现优质教师资源的共享。其次，明确教师交流政策的范围、对象、时间、程序、待遇等教师关注的重点问题，解除教师交流的后顾之忧，使教师交流转变为学校改进的源头活水。最后，教育行政部门要主动协调人社、财政、编制等部门，以政府或联合发文的形式增强教师交流政策的刚性和权威性，创造教师交流的良好政策环境。

（三）教师交流轮岗的保障和监督体系要进一步完善

教师交流轮岗涉及交流教师的切实利益，国家和各地的交流政策都明确规定要在职称、培训等方面制定优惠政策，并给予一定的经济补助。据调查，各地目前给予交流教师的补助多集中在50～300元/月，补助的力度较弱，不足以激发教师交流的积极性。同时，这还涉及教师的人事关系这个重要的问题，大部分地区教师交流轮岗时不随转人事关系。轮岗教师的人事关系属于原派出学校，人却在其他学校工作，因此原派出学校通常疏于对教师的评价与监督。在轮岗学校，由于轮岗教师与本校其他教师的身份不同，对其采取的评价方式往往也不一样。对于本校教师，学校通常采用过程性评价与终结性评价相结合的评价方式，并且将考核与激励挂钩；对于轮岗教师，由于学校唯一期望的是他们能够给学校带来良好的教学效果，终结性评价成为必然的评价手段。从轮岗教师的角度来看，来自城镇的教师内心渴望早日回归本校，“当一天和尚撞一天钟”，以无所谓的态度对待平时的教学工作，这充分体现了教师交流轮岗评价机制的缺陷和不足。在某种程度上，评价与监督密切相关，教师交流轮岗评价的不足导致教师交流轮岗监督的缺失。

要将教师交流轮岗化为流动教师的实际行动，就必须建立并完善教师交流轮岗的保障机制。①要建立教师交流轮岗的补充机制，建立城乡统一的教师编制标准，统筹城乡教师岗位设置，并向农村和薄弱学校倾斜。②建立教师收入平衡机制。教师待遇是影响教师流动的关键因素之一。政府要通过对绩效工资总量的管理和学校绩效工资分配方案的把握，加大对绩效工资水平的调控力度，逐步缩小各学校之间事实上存在的收入差距。同时，要建立农村教师津贴制度，适当提高农村教师的收入水平，增强农村教师岗位的吸引力，以吸引优秀骨干教师到农村学校、边远地区学校工作，引导教师的合理流动。③改善农村边远地区学校教师的工作和生活条件，改善教师的生存状态。政府有义务为广大农村教师改善工作和生活条件，促进教师安心从事农村教育，解除农村教师的后顾之忧。

第五章　学校改进的案例研究

第一节 学校改进案例概况

学校是改进的主体，为深入了解学校改进的实践运行逻辑，笔者选取福建省某中学做了深入调查，搜集了学校改进的一线数据资料，以学校内部自主改进为重点，试图探索学校改进的内部路径，也期待通过对学校改进案例的研究，进一步佐证影响学校改进的相关因素。

一、学校办学的基本情况

福建省某中学是一所于 2013 年创办的一所集小学、初中、高中为一体的大型市直属公办寄宿制学校。学校总占地面积为 102 048 平方米，建筑面积 63 029 平方米，绿化率高达 35%。2020 年学校拥有学生 3338 人，在编教职工 253 人。其中，正高级教师 1 人，特级教师 2 人，有 5 人拥有博士学位，有教育部直属师范院校或“985 高校”优秀毕业生 175 人。

建校之初，学校面临着很多发展中的问题。学校通过 SWOT 分析对自身发展的优劣势及外部环境所带来的机遇与挑战进行了分析（表 5-1）。

表 5-1 学校发展面临的内外部环境

学校的内部条件		学校的外部环境	
优势	一流名校，条件优越；开放办学，资源丰富，招贤纳才，师资雄厚，新生新锐，蓬勃发展，特色初显，恰逢其时	机遇	有地缘优势，经济特区，政府支持，合作办学，资源丰富，设备先进，经费充足，政策倾斜

续表

学校的内部条件		学校的外部环境	
劣势	学校新创办，没有文化传统；教师新入职，没有经验；学生刚入学，没有毕业生；制度待健全，管理待完善	挑战	名校林立，品牌待塑； 自主招考，社会不晓，地处偏僻，生源欠佳； 社区未建，家长缺位

二、学校的办学成果

学校在认真分析办学实际的基础上，积极寻求内外部资源的支持，并加强学校的规范化建设，经过短短几年发展，取得了喜人的办学成果。学校于 2017 年底顺利通过省级评估，被确认为“福建省二级达标高中”，于 2018 年入选“福建省普通高中课程改革基地建设学校”。同时，学校严格依照省一级达标高中标准，有条不紊地组织和开展各项创建准备工作。在一级达标高中目标的指引下，学校无论是办学理念、硬件设施、管理水平，还是师资建设、育人水平、办学特色、教育质量，都经历了由无到有、由有至优、由点及面、由面变体的华丽蜕变，终于在 2019 年顺利通过了省一级达标校的评估验收，实现了学校的跨越式发展。

同时，学校育人成果不断涌现。2014—2020 年，各类学科竞赛考试捷报频传，获国家奖 3 人次、省级奖 101 人次、市级奖 330 人次；体育竞技比赛成绩令人瞩目，获国家级奖项 20 人次、省级奖项 11 人次、市级奖项 59 人次；艺术比赛绽放光彩，获国家级奖项 104 人次、省级奖项 4 人次，市级奖项 143 人次；中考 P 值[①]连续四年名列前茅；高三毕业生本科上线率达 96%以上，1/3 考生高考分数超过本一线，高中教学质量一年比一年好，地理、生物、历史等学科在近期市质检中跻入全市前三名。

一所办学历史不长的学校能取得这样的成绩实属不易，梳理和总结学校改进过程中的主要做法和典型经验，对提炼学校改进的一般规律将有重要的借鉴意义。

① 中考 P 值指厦门实施的初中教育质量评估方法，是主要基于中考成绩计算出来的评估值。

第二节　学校改进的典型经验

一、理念先行

好的办学理念能够内化于心，外显于行。学校从创办之初，就确立了“惟精惟新”的办学理念，将“精”“新”二字作为学校成长和壮大的必由之路。所谓“精”，指教学育人精益求精、日臻完善，努力汲取中西方传统兼现当代文化之精华，涵养师生智慧与修为；所谓“新”，指育人模式、教学策略与时俱进、开拓创新，在创新中求发展，在创新中树品牌，在创新中显特色。同时，将办学理念融入学校文化的建设，学校的教学楼、办公楼、宿舍等建筑的命名都取自“惟精惟新”的办学理念，使其成为指导全校师生行为的基本准则。办学理念明确后，学校没有停留在口号上，而是进一步挖掘“精”“新”二字的内涵，并与学校的教学和管理环节相结合，进而提出了新教学、新管理、新课堂等理念，最终围绕学校的办学理念，形成了关于教学和管理的一整套的理念体系。理念是行动的先导，“惟精惟新”的办学理念为学校的持续改进提供了强大的动力。

二、规划引领

学校发展规划是明确学校发展方向的蓝图。学校在创办之初就非常重视发展规划的引领，以通过一级达标高中评估为目标制定了学校发展的五年规划，并分年度将一级达标高中的准备工作落实、做细，把一级达标高中评估标准作为该阶段一切工作的出发点和落脚点。2019 年，学校以高分通过省一级达标高中评估，具备了参评省示范性高中的资格，成为福建教育史上成长发展速度最快的省一级达标高中。

在对校长的访谈中，笔者了解到了学校发展规划的内容及其制定的过程，校长非常清晰地表达了学校发展规划对学校发展的引领作用：①学校发展规划的目标要非常明确，且取得师生共识，这样才能起到凝聚人心、指导学校发展的作用。学校在创办之初，就是高起点、高期待，在市教育局的政策支持下，学校较早确定了申报省一级达标高中的发展目标，并很快取得了广大师生的认可。因学校是新建校，教师大都是高学历的年轻教师，愿意挑战这种对学校持续发展有利的目标。②学校发展规划的落实机制要明确、畅通。一份好的发展规划不仅目标清晰，且要有非常清晰的实现目标的措施和路径，这需要明确部门职责，完善相关管理制度。作为新建校，其将学校发展规划的制定过程与建立学校管理制度的过程结合起来，以学校等制度规范确保学校发展规划制定的目标和任务落到实处。③学校发展规划重视过程评估和动态调整。学校在建校之初就制定了五年发展规划，但这个规划不是一成不变的，学校每年都会做年度发展规划的目标任务分解，同时随着政策和形势的变化，学校会在评估的基础上对发展目标进行适度调整，以期更符合当下的发展需要。例如，学校在申请通过省二级达标验收后，适时调整目标，申请了省课改实验基地的建设，为后续申报省一级达标验收奠定了良好的基础。

三、制度规范

学校规范管理需要相应的制度保障，学校现已逐步形成涵盖工作职责、奖惩规定、督查机制等管理内容的制度体系，如 10 项常规管理措施、体育工作 20 条、绩效工资发放方案、教研活动一周一次 300 字体会、“2+4” 实验方案、教职工请客在校内不超过二桌且互不收礼等规章制度，有效保障了学校教育教学工作的有序、规范运行。

学校围绕加强教学管理制定了一整套明确的规章制度。①研制了“三维五步教学法”，并在全校范围内大力推行。“三维”既指管理者、教师、学生三个维度，又指课前、课中、课后三个阶段；“五步”覆盖预习、上课、复习、作业和总结五大步骤，步骤与步骤之间环环相扣、紧密衔接。通过调动和监测学生学习过程中牵涉的各个要素，以彰显学生学习主体地位，提升学生课堂学习效率。②打造“五个四”[①]校本作业体系。学校组织全体教师结合不同学段的能力要求和升学考试命题趋势，为不同年段的学生量身打造学校的校本作业体系。校本作业分“导学案”“课后练”“限时练”“周练”四类。③制定《学校教学常规管理制度》，对专任教师的备课、课堂教学、作业布置与批改、教学辅导、信息技术应用、模块考核、学分认定、教学质量分析、调代课、教师教研等常规环节提出明确要求，从源头上对各个教学环节加以规范和管理；以抓好教师的备课、上课、作业、辅导、检测和反思六个环节为突破口，强化集体备课环节，发挥集体备课优势，确保课堂教学质量。由此可以看出，学校通过建制度、定规范，并以规范加强学校教学的管理，来确保学校教学质量的稳步提高。

四、特色发展

办学特色是学校快速发展的有效抓手。学校以戏曲艺术为文化载体，通过戏曲的形式讲述中国传统故事，弘扬“忠”“孝”“仁”“义”等传统美德，培育学生的审美情趣，提升学生的审美品位。为此，学校和中国戏曲学院签署了《京剧特色发展合作协议》，正式将京剧文化艺术引入校园，并且福建省第一个京剧艺术特长班面向全市招收学生。为了让更多学生了解国粹艺术，促进京剧文化艺术的校内传播，学校以校容校貌为切口，着力营造以京剧文化艺术为主线的校园文

① “五个四”即四案（学案、作业、课练、周练）、四精（精选、精练、精讲、精评）、四必（必发、发收、必改、必评）、四合（与作业的八个要求相结合、与五步学习法相结合、与考点教学法相结合、与家教式辅导相结合）、四查（查质量、查作业落实情况、查存在问题、查效益）。

化环境。如今，京剧元素遍布学校的每一个角落：草丛中散落着绘有卡通京剧人物的石块，建有宣传和普及京剧知识的文化长廊，有介绍京剧五大行当和特有乐器的碑石，陈列有京剧戏服和表演道具的橱窗、京剧大师园，以及根据京剧剧目《贵妃醉酒》设计的人物雕塑等。在京剧文化的浸润下，京剧班学生连续三年参加“国戏杯”全国戏曲大赛，均获中学组一等奖；学校连续两年获“国戏杯学生戏曲比赛”优秀组织奖，并应邀登台亮相“新年戏曲晚会”。这标志着学校在探索自身办学特色、丰富校园文化内容的道路上又迈出了重要的一步。

第三节　学校改进的案例反思

一、校长的办学理念是改进的先导

校长的办学理念是校长领导力的重要内涵之一，也是指引学校发展方向的重要价值基础。以办学理念为基础，由此形成的“三风一训”是学校的灵魂、学校文化的重要载体。学校确立了“惟精惟新”的校风、“善学善教”的教风和“惟志惟勤”的学风，恪守“精明勤奋”的校训，促进学校形成良好的校园文化氛围。

通过梳理学校办学理念的形成过程我们发现：①办学理念的提出主要出自校长，但也必须得到师生的广泛认同，才能转化为师生的行为。为此，办学理念的提出并不是校长的“一言堂”，而是通过调查，充分吸收广大师生的建议，最终形成的理念共识。②办学理念不是孤零零的一个口号，而是需要教学、管理等方面的系列配套制度，才能有效地将理念落到实处。通过对校长的访谈，学校不仅形成了有自己特色的办学理念，还围绕办学理念重新打造了新课程、新教学、新管理,使其成为规范学校运行的一套制度体系。③办学理念与校园文化紧密融合、互为支撑。学校的办学理念和打造的以京剧为特色的戏曲文化都是对中国传统文化的继承和发扬,同时体现出以创新为特点的鲜明的时代特征,保证了学校正确的办学方向。

二、规范的内部治理制度是改进的基础

提升学校的治理水平必须有科学的治理结构。从案例学校可以看出,该学校之所以具有持久改进的动力,源于学校形成了以校长领导力为核心的学校治理结构。①校长能够有效发挥学校价值领导的作用,在涉及学校发展的重大问题,如申报省一级达标高中的准备工作中,校长能有效调动全校教师的积极性和主动性,使全校师生在发展目标上达成共识,其中,校长的人格魅力和价值领导力发挥了至关重要的作用。②学校形成的一套教学管理制度是学校改进的保障。教学管理制度主要包括课程教学制度和教师专业发展制度。课程教学制度必须立足于学校师生实际才能发挥应有的作用。例如,案例学校作为一所建校历史不长的学校,生源以周边郊区的学生为主,教师也是近几年新招聘的高校毕业生,学校教学的首要任务是定标准和强规范,而不是发挥教师的创造性,这是由学校发展的历史阶段决定的,这一点在笔者对校长的访谈中也一再被强调。因此,学校制定了"三维五步教学法"和"校本作业体系",就是为了实现教学管理的标准化和规范化。基于学校年轻教师居多的现实,学校教师专业发展制度主要是培训教师按教学常规进行备考、授课及磨课。③高效的行政管理制度是学校改进的重要支撑。只有学校的行政管理水平高,才能提高学校改进的能力。该学校是一所集小学、初中、高中为一体的十二年一贯制的实验学校,办学规模较大,且学校是一个法人,为提高学校行政管理的效率,学校确定了条块结合的扁平化管理模式,打通了学段,以教学管理职能分设若干副校长,下设若干行政部门,统一管理小学、初中、高中的教学事务。这种扁平化

的管理结构还有利于实施一贯制学校的课程设置的探索，进而实现十二年一贯制的全程无缝衔接育人。

三、多方参与学校治理，形成学校发展的合力

学校改进不是学校一方的事情，必须调动政府、社会、家长等多种力量参与进来，充分利用各种资源，这样才能不断提升学校治理的能力。从案例学校的发展历程我们可以清晰地看到多种力量参与学校治理的脉络。①寻求来自政府的最大支持。学校的发展目标要获得当地政府的大力支持和认可，这对学校实现跨越式发展非常重要。案例学校之所以可以取得超越常规的发展，来自政府的政策支持必不可少，政府的支持加上学校的努力，才能有效形成学校发展的合力。当地政府也期待尽快建成一所优质学校，以与周边区域发展相匹配，所以给予了学校较大的政策优惠力度，在学生招生、经费使用等方面给予了学校较大的自主权，学校充分利用了优惠政策，探索实施了“2+4”学制，开展了数字化实验班，取得了较好的招生效果。②吸引社会力量，开展合作办学。主动利用各种社会资源是学校改进的有益补充。案例学校从建校之初就重视办学的高起点定位，一是与国家教育智库中国教育科学研究院开展合作办学，通过派遣科研副校长加大对学校科研的支持力度，通过指导课题申报、组织培训、教科研交流等方式，提高了学校教师的科研意识和能力。二是与中国戏曲学院开展京剧艺术方面的合作，通过专业教师驻校指导、开设京剧校本课程、培养京剧社团等方式，加强了对学校京剧艺术特色的培育。这都是学校主动谋划，充分利用社会优质资源，助力学校快速发展的佐证。③争取家长的支持，实现家校共育。学校改进必须取得家长的支持，这样才能取得最大的育人效果。案例学校非常重视家长这一群体的力量，采取多种方式，形成学校和家庭育人的合力。一是学校非常重视德育一体化建设，形成了学校、家庭、社会、自身四位一体的教育主线，办好家长学校，表彰优秀家长，交流家教经验，争取家长的支持，形成了“校内校外处处有人教，在校在

家时时有人育”的德育特色。二是吸引优秀家长参与学校的管理和监督。学校建立了家长委员会，并制定了《家长委员会章程》。家长委员会成员积极参与学校管理，如满意度调查、早操管理等。家长的有效参与提高了学校管理的民主化水平，并确保学校管理高效运作。三是定期开展进家庭活动，了解学生在家的情况，加强与家长的沟通和联系，给每位家长发了《家长手册》和家长阅读书目，让家长更好地了解学校，邀请家长参加学校的比赛及重要的教育活动，形成了家校合力，争取到家长对学校改进的最大支持。